U0684324

杭州职业技术学院文库

高等职业教育服务乡村振兴实践研究

王莺洁　郭伟刚　王蓉娟　著

中国原子能出版社

图书在版编目（CIP）数据

高等职业教育服务乡村振兴实践研究 / 王莺洁，郭
伟刚，王蓉娟著. -- 北京 : 中国原子能出版社，2024.
8. -- ISBN 978-7-5221-3572-4

Ⅰ. G718.5；F320.3

中国国家版本馆 CIP 数据核字第 2024192D63 号

高等职业教育服务乡村振兴实践研究

出版发行	中国原子能出版社（北京市海淀区阜成路 43 号　100048）
责任编辑	白皎玮　陈佳艺
责任校对	刘　铭
责任印制	赵　明
印　　刷	河北宝昌佳彩印刷有限公司
经　　销	全国新华书店
开　　本	787 mm×1092 mm　1/16
印　　张	13.5
字　　数	206 千字
版　　次	2024 年 8 月第 1 版　2024 年 8 月第 1 次印刷
书　　号	ISBN 978-7-5221-3572-4　　　定　价　**88.00** 元

版权所有　侵权必究

前　言

在当今时代背景下，高等职业教育与乡村振兴之间的联系日益紧密。本书旨在深入探讨两者的关系，为相关研究者和从业人员提供全面的理论支持和实践指导。

乡村振兴战略作为国家发展的重要组成部分，其核心在于通过教育、文化、生态、经济等多方面的发展，实现全面乡村振兴。高等职业教育在这一过程中扮演着极为关键的角色。通过对职业教育系统的改革与创新，不仅可以促进农村人才的培养，还能为乡村振兴提供必要的知识和技能支持。

本书首先从高等职业教育的基本概念、内涵、体系和结构入手，为读者提供了一个全面的理论框架。紧接着，书中详细阐述了乡村振兴的理论基础，包括其定义、内涵、发展历程及战略意义。这为理解高等职业教育在乡村振兴中的作用奠定了坚实的基础。在此基础上，本书深入探讨了高等职业教育服务乡村振兴的具体策略与路径。从高等职业教育与乡村振兴的结合点，到实施策略、行动机制，再到未来趋势的探讨，书中不仅提出了具体可行的实施建议，还预测了未来发展的可能方向。这些内容对于指导实际工作，促进高等职业教育与乡村振兴更好地结合，具有重要意义。

在撰写本书的过程中，笔者深入调研并汲取了众多前沿理论与实践经验，力求在理论与实践之间找到平衡点。我们希望本书能够为高等职业教育的发

1

展提供新的视角，为乡村振兴提供切实有效的策略和建议，从而推动两者的协同发展。

最后，对所有为本书的写作和出版提供帮助的同事和朋友表达最深的感谢。感谢所有专家学者的宝贵意见和建议，感谢所有实地调研参与者的辛勤工作和无私奉献，没有他们的支持和帮助，这本书是无法完成的。也感谢所有期待和关注本书的读者，希望本书能为您提供有价值的信息和启发。在未来的日子里，我们期待与更多的同行共同探讨和研究高等职业教育和乡村振兴的深层次问题，共同推动这一领域的发展和进步。再次感谢所有支持和关注本书的读者和同仁，希望本书能为高等职业教育服务乡村振兴的实践与研究提供一定的帮助和指导。

目　录

第一章　高等职业教育概述 ……………………………………………… 1

第一节　高等职业教育理念 …………………………………………… 1

第二节　高等职业教育的内涵 ………………………………………… 6

第三节　高等职业教育的体系 ………………………………………… 11

第四节　高等职业教育的发展历程和定位 …………………………… 18

第五节　高等职业教育的改革方向和保障机制 ……………………… 27

第二章　乡村振兴理论概述 …………………………………………… 37

第一节　乡村振兴内涵解读 …………………………………………… 37

第二节　乡村振兴的发展及战略意义 ………………………………… 44

第三章　乡村振兴与高职教育的战略定位与着力点 ………………… 51

第一节　乡村振兴面临的挑战与教育诉求 …………………………… 52

第二节　高等职业教育服务乡村振兴的战略定位 …………………… 57

第三节　高等职业教育服务乡村振兴的着力点 ……………………… 63

第四章　高等职业教育服务乡村振兴的目标 ················· 67

　第一节　高职教育服务乡村产业振兴的目标 ············· 67

　第二节　高职教育服务乡村文化振兴的目标 ············· 80

　第三节　高职教育服务乡村生态振兴的目标 ············· 87

　第四节　高职教育服务乡村民生振兴的目标 ············· 94

第五章　高等职业教育服务乡村振兴的行动机制 ··········· 100

　第一节　高职教育与地方政府的协同治理机制 ··········· 100

　第二节　高职教育与乡村企业的合作治理机制 ··········· 111

　第三节　高职教育发展与信息技术的融合治理机制 ······· 117

第六章　高等职业教育服务乡村振兴的实施策略 ··········· 128

　第一节　高职教育课程设计与乡村需求匹配的结合 ······· 128

　第二节　高职教育教师队伍建设与专业化发展结合 ······· 132

　第三节　高职教育学生实习与乡村振兴实践的结合 ······· 141

　第四节　高职教育持续评估与教学质量提升的结合 ······· 143

第七章　高等职业教育服务乡村振兴的创新路径 ··········· 149

　第一节　跨学科课程的开发创新 ······················· 149

　第二节　以学生实践为中心的教学方法创新 ············· 153

　第三节　乡村创业教育与实践的创新 ··················· 160

　第四节　数字化资源教学的优化创新 ··················· 164

　第五节　高职教育服务乡村振兴创新案例分析——以杭州职业技术学院

　　　　　电梯培训项目为例 ··························· 167

第八章　高等职业教育服务乡村振兴的方法 ··············· 174

　第一节　加强政府政策支持 ··························· 174

第二节　深化高职教育改革 ┄┄┄┄┄┄┄┄┄┄┄┄ 182

第三节　创新服务合作模式 ┄┄┄┄┄┄┄┄┄┄┄┄ 189

第四节　重视技术人才引进 ┄┄┄┄┄┄┄┄┄┄┄┄ 192

第五节　培育新型职业农民 ┄┄┄┄┄┄┄┄┄┄┄┄ 195

参考文献 ┄┄┄┄┄┄┄┄┄┄┄┄┄┄┄┄┄┄┄┄ 203

第一章　高等职业教育概述

第一节　高等职业教育理念

　　教育理念，是教育主体在教育实践及教育思维活动中形成的对"教育应然"的理性认识和主观要求。在高等职业教育领域，这一理念表现为对该领域教育目标、价值和方法的深刻理解和追求。它不仅是一个抽象的观念体系，更是教育实践中不断追求的一种高度。高等职业教育理念的核心在于理解和回应当代社会对高级技术技能人才的需求，同时在教育过程中实现个人的全面发展和社会的可持续进步。在这一框架下，高等职业教育理念强调实践性和应用性。它倡导的不仅是技能的传授，更重要的是将理论知识与实际技能有效结合，以培养学生的综合职业能力。这种理念下的教育不仅关注专业技能的提升，还关注如何将这些技能应用于解决现实问题。高等职业教育理念还强调创新和自主学习的重要性，鼓励学生发展批判性思维，培养适应不断变化的劳动市场的能力。除了技能和知识的培养，高等职业教育理念还涵盖了对个人全面发展的关注，包括培养学生的社会责任感、伦理观念和终身学习的态度。在这一理念指导下，高等职业教育不仅是为了职业准备，也是为了培养能够对社会作出积极贡献的全面发展的个人。这一教育理念还强调教育的公平性和包容性，旨在为不同背景的学生提供平等的教育机会，促进社会整体的进步和和谐。

一、教育理念的作用

（一）教育理念的先导性

教育理念的先导性在现代教育实践中占据着至关重要的地位，体现了概念、意识、观念、思想和理念与实践相互作用的复杂性。在教育领域，实践是理念形成的基础和前提，但一旦教育理念形成，它便能对实践产生深远的影响，甚至改变实践的方向和性质。教育理念不仅是对教育现象的一种被动反映，更是对教育实践的主动引领和塑造。随着社会的发展，教育实践越来越依赖于创新的教育理念来指引其发展方向，促进其进步。

教育理念的形成是一个动态的、创造性的过程，它汲取人类教育实践的经验，同时也受到社会文化、政治经济等多种因素的影响。一旦形成，教育理念便成为引导教育实践的灯塔，指导着教育活动的设计、实施和评估。例如，一个重视批判性思维和创新能力的教育理念，会促使教育者在课程设计和教学方法上做出相应的调整，鼓励学生进行独立思考和创造性表达。这种理念的引领作用，不仅影响了教育的内容和方法，还影响了教育的目标和价值取向。随着新技术的出现和全球化的深入发展，教育面临着前所未有的挑战和机遇。在这种背景下，需要新的教育理念来引领教育适应这些变化，如何更好地利用技术来促进学习，如何培养学生成为全球公民等，都需要创新的教育理念来提供指导。新的教育理念可以帮助我们重新思考教育的目的，探索更有效的教学方法，以更好地满足学生的需要。

（二）教育理念的导向性

教育理念在现代教育体系中扮演着核心的导向角色，它不仅反映教育实践的现状和需求，而且预示着教育发展的未来趋势。作为理性认识和主观要求的综合体，教育理念在教育目标的设定、教育内容的选择、教育方法的应用，以及教育评价的标准方面展现出其深远影响。教育目标的构建受社会发展需求、文化传统和价值观念的影响，指导教育政策制定和课程开发；教育内容的选择反映了教育资源分配和教育重点的设定，不同教育理念可能导向不同的重点，如技能训练和职业教育或通识教育和人文素养的培养；在教育方法的应用上，教育理念提供方法论指导，决定了教学方法和学习方式的选择；教育评价的标准也受教育理念的影响，涵盖评价的内容、形式、目的和意义。这种导向性不仅指导教育的各个方面，还反映了社会的价值观念和文化传统，对教育实践具有不可或缺的指导意义，在面对社会变革和技术进步的挑战时，不断更新和发展的教育理念能有效应对这些挑战，引领教育实践向更高的目标迈进。

（三）教育理念的激励性

教育理念在激发教育参与者，包括教师、学生和教育管理者的积极性和创造性方面，扮演着至关重要的角色。作为指导教育实践的基本信念和价值观，教育理念不仅为教育活动提供方向，还激发着参与者的热情和动力。在这个过程中，教育理念通过塑造教育环境和文化，影响教育参与者的心态和行为。当教育理念强调学生的全面发展、批判性思维和创新能力时，它激励教师采用更加开放和互动的教学方法，同时鼓励学生积极参与学习过程，探索新知识和技能。教育理念的激励性还体现在其对教育改革和创新的推动上。一个富有前瞻性和创新精神的教育理念能够激发教育者和决策者对现有教育实践的反思和改进，推动教育体系的不断进步。教育理念在激励性方面的影响是深远的，它不仅影响个体行为和心态，还影响整个教育系统的发展方向和进步速度。通过提供动力和方向，教育理念使教育活动更加富有成效和意义，有助于培育出能够适应快速变化社会需求的人才。因此，教育理念的激励性是现代教育实践中不可忽视的重要方面，对教育质量和效果产生着深远的影响。

二、教育理念的认知基础

(一)理念的本源即实践,其有实践导向功能

教育理念的认知基础深植于教育实践之中,其形成是教育主体对实践经验的深度反思和主观创造的结果。实践不仅提供了理念形成的丰富素材,而且规定了理念的价值取向,这意味着教育理念的根本在于对教育现实的理解和反思。然而,教育实践本身并不自动产生理念,而是通过教育主体的主动思考和创新加工,将教育的历史经验和现实情境转化为有指导意义的认知成果。这个过程涉及对历史教育素材的参考和运用,需要教育主体具备丰富的想象力和批判性思维,以便在现有的教育框架之外探索新的可能性。

教育理念作为一种"理性认识",其根源在于实践,但它的形成过程超越了单纯的经验总结,而是一种对教育实践的深层次解读和重构。这种解读和重构赋予了教育理念以导向功能,使其不仅是对过去教育实践的反映,也成为未来教育实践的指南。教育理念一旦形成,便能对教育实践产生显著影响,指导教育者在教学方法、课程设计、学生评价等方面作出创新和调整,从而推动教育实践的进步和发展。

(二)从知、情、意三方面把握理念

教育理念的认知基础深植于知、情、意的综合体中,体现了理念对事物本质和发展目标的超前性认识,以及这种认识与主体情感和意志之间的深刻交织。在这个框架中,理念不仅是对教育实践和理论的深入了解,更是情感与意志在认知过程中的显现。教育理念所关注的不只是事物的表象或现状,而是其本质特征和长远发展的终极目标,这种超前性认识使理念在指导教育实践时具有预见性和指导性。

教育理念的形成和发展不仅是一个理性的认知过程,还深受主体情感的

影响。教育者的价值观念、情感态度和个人经验在理念的构建中起到关键作用，使得教育理念不仅是一种冷冰冰的理性产物，而是包含了丰富情感色彩的认知成果。这些情感元素赋予教育理念以更深的人文关怀和情感共鸣，使其在教育实践中更具吸引力和影响力。教育理念的认知基础还体现在其对主体意志的呼应，理念不仅是对现实的认知，更是对未来的追求和目标的设定，这种追求需要通过主体的意志努力来实现，将理念转化为教育实践中的具体行动。教育理念在这个过程中起到激发和引导作用，促使教育主体将理念内化为自己的行动准则和教育目标。

（三）教育理念的层次化

教育理念的层次化是理解和分析高等职业教育理念的关键，它揭示了教育理念如何在不同层面上产生作用和意义。教育理念不是单一统一的，而是按照认知主体的不同分为多个层次，如国家教育理念、大学教育理念和个体教育理念等。每个层次的教育理念都有其独特的焦点和目标，它们相互作用、互相影响，共同塑造着高等职业教育的整体面貌。

在国家层面上，教育理念是关于如何发展和改进职业教育的理性认识，反映了国家的政治意志和立场。国家教育理念在政策制定和制度建设中起着关键作用，指导着职业教育的总体方向和发展策略。而在大学层面，教育理念是在长期的办学实践中形成的观念体系，涵盖了如何治学与治校的问题。这些理念反映了学校的教育理想、信念和特色，对学校的课程设置、教学方法和学生培养有着深刻影响。在个体层面，教育理念则体现为教师和学生对于教育的个人理解和追求，这些理念塑造了个体的教学风格和学习方法。

高等职业教育的发展并非由单一理念主导，而是多个层次的理念体系共同作用的结果。这些层次的理念体系包括但不限于基本理念、发展理念、育人理念、管理理念和服务理念，它们在高等职业教育的不同方面发挥作用，相互补充，共同推动教育的进步和发展。教育理念的这种层次化结构使得教育实践能够综合考虑不同层面的需求和目标，更有效地应对教育中的复杂问题和挑战。

（四）教育理念的人本性、思想性、实践性和原创性

教育理念的认知基础涵盖人本性、思想性、实践性和原创性这四个关键维度，它们共同构成理念的核心属性和价值。人本性是教育理念的根本，意味着所有教育活动，无论是教学、科研还是服务社会，最终都应聚焦于人的发展和福祉。这种以人为本的理念强调教育应关注每个学生的个体差异、潜能和需要，以及如何促进其全面发展。

思想性则体现在教育理念必须获得广泛的社会认同和接受，这不仅是因为教育是社会活动的一部分，也因为教育的目的在于培养能够对社会作出积极贡献的人才。教育理念的普遍认可是其影响力和有效性的关键，它反映了社会价值观和文化传统，形成了教育的共同目标和追求。实践性则指出，教育理念必须在实际的教育活动中得到体现和实施，才能展现其价值。一个理念，无论其理论上多么完美，如果无法在实践中有效执行，那么它的意义就大打折扣。因此，教育理念必须密切关注教育实践的现实情况，确保其可操作性和实用性。

原创性强调教育理念虽然有其共性，但在具体实施时需要考虑到每个教育机构的特定环境和需求。每所学校都有其独特的文化、历史和社会背景，因此，在形成和实施教育理念时，需要充分考虑这些因素，使理念具有针对性和个性化。这种原创性不仅为教育理念提供了深度和丰富性，还有助于构建具有特色的教育环境和文化。

第二节　高等职业教育的内涵

现阶段，对于高等职业教育的内涵，主要有以下三种观点。第一种观点认为，高等职业教育是职业教育中较高层次的部分，不属于高等教育，将高

等教育与职业教育视为并列且不交叉的教育范畴，如郭思乐在《现代学术观念与高等职业教育发展》文中所指："我们通常说高等职业教育是职业性的教育，而不是专业性的教育"。第二种观点认为，只要处于培养高层次的职业技术人才的教育均称之为高等职业教育，因此将"高等"和"高级"等同起来，如杨金土、孟广平、严雪怡在《对发展高等职业教育几个重要问题的基本认识》一文中所称高等职业教育的主要内涵是高等技术教育，属于第三级教育，是高等教育的组成部分，其培养目标为高层次技术人才，包括高级技术员、技术师、技术工程师等。第三种观点认为，高等职业教育属于"高等教育"的范畴，是高等教育中有较强职业性和应用性的一种特定教育。顾明远主编的《教育大辞典》第 3 卷中的有关概念界定，"高等职业教育"属于第三级教育层次的职业教育和技术教育，包括就业前的职业技术教育和从业后的有关继续教育。其主要培养目标为文科、理科、工科、农林、医药、政法、财经等七个科类的专业辅助人才，例如，文科中的文秘、图书馆管理员（不含图书馆学专业人员）；理科中的实验员；工科中的高级技术员、技师（工艺师）；医药类中的医辅人员、护师；政法科类的法院辅助人员；财经科类中的高级会计员、统计员等。因此，高等职业教育是一个内涵十分丰富而又颇具中国特色的概念。

高等职业技术教育的含义主要有三个层面：从属于职业教育、从属于高等教育及从属于技术教育。高等职业教育在现代教育体系中扮演着关键角色，其内涵丰富且特色鲜明。作为职业教育体系的高层次部分，高等职业教育不仅继承了职业教育的基本理念，而且根据社会发展的需求，在教育深度和广度上进行了必要的拓展和提升。其核心特征在于培养适应社会生产、管理和服务需求的技术型和技能型人才，同时也是高等教育的一个重要组成部分，强调应用技能和实践能力的培养。随着社会和技术的快速发展，高等职业教育展现了其教育层次的递进和人才培养类型的多样化，反映出现代社会对于多层次、多类型人才的需求。通过这种教育，学生不仅能获得专业技术技能的培训，还能实现从基础到高级的学历提升，为社会发展贡献关键的人才资源。如表 1-1 所示。

表 1-1 高等职业教育的内涵

教育层次	核心特征	培养目标	教育模式
高等职业教育	职业教育的高层次组成部分	培养适应第一线工作的应用型专门人才	实践教学占大比例
技术教育属性	适应社会生产、管理和服务需要	培养技术型和技能型人才	职业技能和实践操作能力
高等教育组成	高等教育范畴，强调应用技能	培养高技能人才，适应经济发展	包含学历和非学历教育
教育层次递升	从大专到本科乃至研究生教育	提供学历提升通道	专科、本科教育，逐步扩展至研究生
人才培养类型	动态和互动的教育与人才关系	培养多层次、多类型人才	从工业革命前的学术型教育到现代技术教育

一、高等职业教育从属于职业教育

高等职业教育作为职业教育体系的重要组成部分，其本质和定位根植于职业教育的广泛框架之中。历史上，由于受到传统观念和社会发展水平的限制，职业教育长期未能得到应有的重视。在我国古代，学校主要培养的是为统治阶层服务的"士"，而实际技艺和手工劳动则被低估。这种价值观直接影响了职业教育的发展，导致我国的正规职业教育体系比西方晚出现了近一个世纪。随着时代的发展，特别是自 1985 年《中共中央关于教育体制改革的决定》颁布以来，职业教育的地位和作用逐渐被认识和重视。该文件明确了职业教育的培养目标，即培养生产、管理、服务第一线的应用型专门人才，涵盖了职业教育的职业属性和技术属性。这一决定为职业教育，包括高等职业教育的发展指明了方向。

高等职业教育在教育内容上属于职业教育类别，在教育层次上被列入高等教育。它强调技能和知识的实践应用，旨在培养适应社会和经济发展需要的高技能人才。这一定位反映了对职业教育价值的重新认识，即职业教育不仅是技能培训，而是全面发展的教育，为学生提供了广泛的职业选择和发展机会。根据 5A5B 课程分类法（如图 1-1 所示，5A 为"面向理论基础/研究准备/进入需要高精技术专业的课程",5B 为实际的/技术的/职业的特殊专业课程)。根据职业岗位的不同,培养这类人才所需的时间不一样。学习年限的差异产生了职业教育由初等到中等再到高等层次的区分。

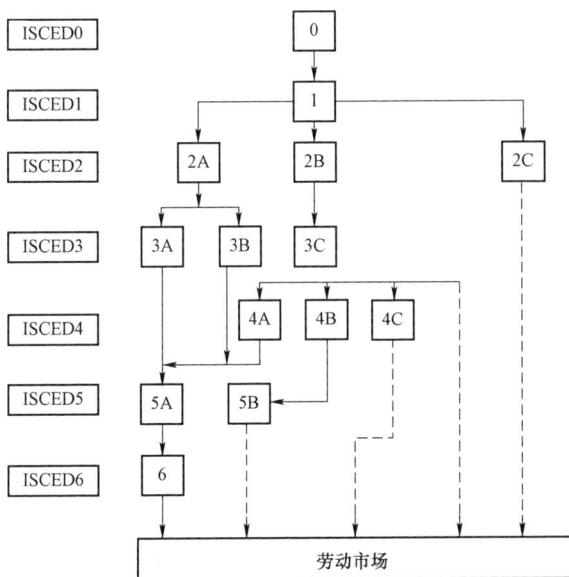

图 1-1　国际教育标准分类示意图[①]

因此,高等职业教育无疑是职业教育的一部分,它继承和发展了职业教育的基本理念,同时又根据社会发展的需要,在教育深度和广度上进行了拓展和提升。高等职业教育的发展,不仅体现了教育体系的多样性和灵活性,也反映了现代社会对多层次、多类型人才需求的响应。

二、高等职业技术教育从属于高等教育

高等职业技术教育在教育层次上显然属于高等教育的范畴。这一教育形态旨在为社会培养具备专业技术技能和实践应用能力的人才,其在教育体系中的定位具有重要意义。从教育层次的划分来看,教育分为初等教育、中等

---

① 郭扬. 我国高等职业教育在新国际教育标准分类中的定位 [J]. 职业技术教育,1997（8）:17-19.

教育和高等教育三个主要阶段。高等职业技术教育主要面向完成 12 年基础教育的高中毕业生，以及完成 9 年基础教育后进入中等职业教育的毕业生，提供 2 至 3 年的专业教育和培训。随着《国家职业教育改革实施方案》于 2019 年的发布，我国的高等职业教育开始从仅限于大专层次向上拓展至本科层次，形成专科和本科两个阶段的高等职业教育体系。这一转变表明，高等职业教育正逐步实现从中等职业教育向高等职业教育的层次递升，为学生提供了从大专到本科，甚至研究生的学历提升通道。

高等职业技术教育的核心在于培养具有实用性和技术性的中高端职业人才。与普通高等教育相比，高等职业技术教育更加注重应用技能和实践能力的培养，不以学术理论研究的深度为主要目标，而是致力于培养学生的职业技能和转化能力。高等职业技术教育不仅包括学历教育，还应包含非学历的职业培训，满足不同层次、不同需求的学习者，提供适应职业岗位要求的系统性训练。

高等职业技术教育作为高等教育的一个重要组成部分，其职责和目标是培养适应社会和市场需求的应用型和技术型人才。它通过提供专业的技术教育和实践训练，为学生提供了实现职业生涯发展的重要途径，为社会发展提供了关键的人才资源。

三、高等职业技术教育具有技术教育属性

高等职业技术教育在本质上具有显著的技术教育属性，这一点在其培养目标、课程设置和教育模式中得到清晰体现。高等职业技术教育旨在培养适应社会生产、管理和服务需要的技术型和技能型人才，这些人才在人类社会活动中发挥着至关重要的作用。

技术型人才，如工程师、教师、编程员等，主要负责将设计图纸、规划方案或决策转化为具体的物质产品或操作程序。而技能型人才，则主要在生产第一线或工作现场直接进行操作，掌握一定的技能以完成具体任务。高等职业技术教育通过不同层次的教育，如大专、本科乃至专业研究生教育，分

别培养这些不同类型的人才，从而满足社会和经济发展的多元化需求。

教育类型与人才培养类型之间的关系是动态和互动的。以英国教育的发展为例，从工业革命前的学术型教育到后来的工程技术型教育，再到二战后的多科性技术大学，教育的发展历程表明了教育形态和人才培养需求之间的密切联系。随着科学技术的发展和生产工艺的复杂化，技术教育成为社会发展的重要推动力。高等职业技术教育作为教育体系的一部分，其重要性在于为社会培养具备实用技能和应用能力的技术型和技能型人才。这种教育不仅需要与终身教育体系相融合，以适应社会和技术发展的快速变化，还要兼顾个体的持续学习和成长，确保教育成果能够有效应对社会和产业的实际需求。因此，高等职业技术教育的技术教育属性是其根本特征，也是其在现代教育体系中不可或缺的地位的关键所在。

第三节　高等职业教育的体系

高等职业教育在我国教育体系中占据着独特而重要的地位，其结构和功能体现了对社会需求和经济发展的紧密适应。作为职业教育体系中的一个关键子系统，高等职业教育不仅包含了多层次的教育形式，如专科、本科乃至研究生教育，而且在管理体制、办学类型、招生办法、专业设置、培养目标等方面展现了明显的系统特点和复杂性。其管理通常由省级人民政府负责，确保教育管理与地方经济社会发展需求的紧密结合。高等职业教育机构包括职业大学、职业技术学院等，提供多样化的教育资源，以全国统一招生考试和"3+2"模式等多元化的招生办法，体现其包容性和实践性。专业设置紧跟地区经济和社会发展需求，强调适应社会经济发展需求，重视培养学生的技术应用能力，并将学历证书和职业资格证书作为双重教育目标。学制的灵活设计和毕业证书的国家认可，确保学生获得与普通大专毕业生同等的待遇。办学层次主要集中在专科，但发达地区已逐步推进本科层次的高职教育专业。高等职业教育体系的构建和发展，反映了对社会变化和技术进步的适应性和动态性，通过不断的改革和创新，为社会的发展和人才培养提供了重要支撑。如表 1-2 所示。

表 1-2　高等职业教育的体系

体系层次	特点描述	教育目标	教育形式
总体结构	与社会需求和环境协调的宏观人才培养模式	满足社会经济发展需求的人才培养	学历教育和非学历教育
职业教育子系统	职业教育体系中的一部分	培养具有职业定向性的专业人才	分类别、分层次教育
高等职业教育	职业教育中的高层次教育	培养适应一线岗位的高素质技术应用型人才	专科、本科、研究生教育
管理体制	通常由省级人民政府负责	紧密结合地方经济社会发展需求	地方政府管理
办学类型	包括多样化的教育机构	提供丰富多样的教育资源	职业大学、职业技术学院等
招生办法	多元化，如统一招生考试和"3+2"模式	体现教育的包容性和实践性	全国统一招生、特殊模式
专业设置	紧跟地区经济和社会发展需求	适应市场对人才的需求	依据《高职教育专业设置指南》
培养目标	强调适应社会经济发展需求	培养学生技术应用能力	双重目标：学历和职业资格
学制设计	灵活多样	适应不同教育需求	二至三年制专科，五年制基础教育
毕业证书	国家认可的学历	等同于普通大专毕业生待遇	国家认证学历证书
办学层次	主要集中在专科层次	适应市场经济的发展需求	专科为主，部分地区发展本科

高等教育的结构体系，其本质是与一定社会需求和环境协调发展的宏观人才培养模式。高等教育宏观结构的合理性，对整个高等教育的结构体系能否与一定社会需求和环境协调发展有关键性的影响。"体系"，即系统，是由一个个功能各自独立的小系统按照一定的结构所构成的，能够行使完整功能的大系统。职业教育是教育体系中的一个子系统，其也有一定体系。高等职业教育又是职业教育体系中的一个子系统，这个子系统当然也有一个体系。我国高等职业技术教育的体系如图 1-2 所示。

中国教育体系

学校教育系统
- 普通教育
  - 学前教育 → 幼儿园、学前班
  - 初等教育 → 小学
  - 中等阶段
    - 初中阶段 → 普通初中 / 综合初中 / 职业初中
    - 高中阶段 → 普通高中 / 职业高中 / 技工高中 / 中等专业学校
  - 高等教育
    - 本专科 → 大学、学院、高等专科（高等职业）学校
    - 研究生 → 大学 / 大学外研究机构
- 成人教育
  - 初等教育 → 成人初等学校（包括扫盲班）
  - 中等教育 → 成人中等学校
  - 高等教育 → 广播电视大学 / 职工、农民学校 / （党政）管理干部学院 / 教育学院 / 独立函授学院 / 高等学校夜大学、函授部
  - 非学历教育培训和继续教育

计算机网络教育系统

行业（企业）教育系统 → 岗前、在岗、转岗培训 / 继续教育

社会教育系统 → 图书馆、博物馆、科技馆、大众媒介等 / 社区教育：闲暇（假日）教育、老年教育等

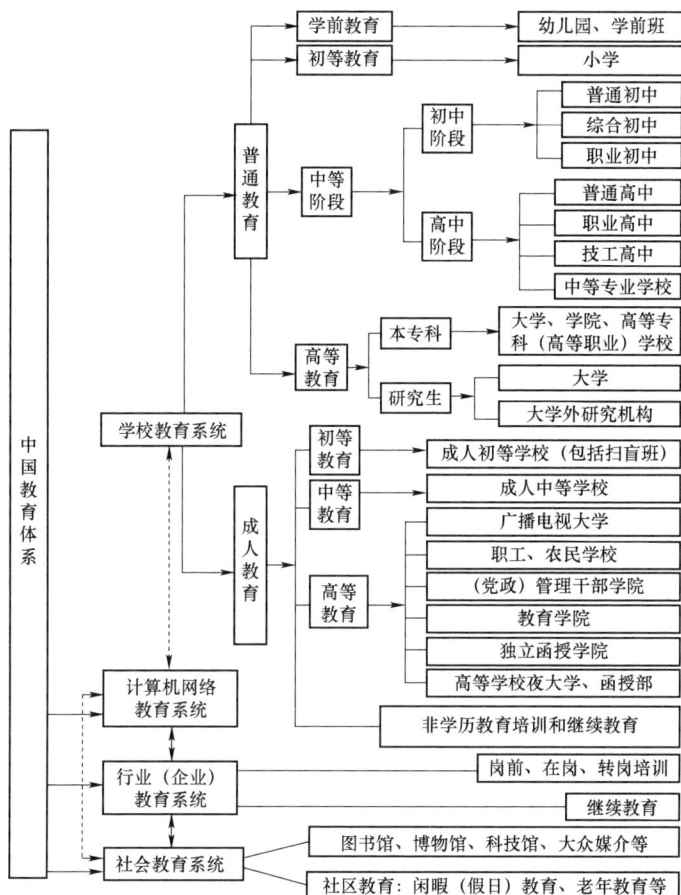

图 1-2 我国教育体系①

高等职业技术教育作为现代教育体系的重要部分，其系统特点显著且复杂。在管理体制方面，它通常由省级人民政府负责，这确保了教育的管理与地方经济社会发展需求的紧密结合。办学类型包括多样化的教育机构，如职业大学、职业技术学院等，它们提供了丰富多样的教育资源。招生办法的多元化，如全国统一招生考试和"3＋2"模式，体现了高等职业技术教育的包容性和实践性。专业设置紧跟地区经济和社会发展需求，国家教育部通过《高职教育专业设置指南》为高职院校的专业设置提供指导。在培养目标上，高等职业教育强调适应社会经济发展需求，注重培养学生的技术应用能力，并

① 赵金昭. 教育实践沉思录［M］. 郑州：河南人民出版社，2010.

以实现学生获得学历证书和职业资格证书为双重目标。学制的设计体现了高等职业技术教育的灵活性，专科层次的学业年限一般为二至三年，而对初中毕业生的五年制教育则是对基础教育的延续。在毕业证书的发放上，高等职业教育保证了学生获得国家认可的学历，与普通大专毕业生享有同等待遇。在办学层次上，主要集中在专科层次，但发达地区已逐步推进本科层次的高职教育专业，显示了高等职业技术教育体系的不断扩张和深化。

高等职业教育作为一种特定的教育形态，承担着独特的社会功能与教育使命。其核心特征在于对学生进行高层次的职业技能训练，同时强调理论知识与实践技能的有机结合。在教育层次上，高等职业教育介于中等教育与传统的高等教育之间，填补了二者之间的空缺。由于其面向的学习群体主要是高中毕业生，其教育内容和目标自然定位于高中教育之后，旨在为学生提供更深层次、更专业化的知识与技能。

高等职业教育的重要性体现在多个方面。首先，它对于满足社会对高技能人才的需求具有重要作用。在快速发展的社会与经济背景下，对专业技能人才的需求持续增长，高等职业教育通过提供专业化、实用化的课程来培养这类人才，从而对社会的可持续发展作出贡献。其次，高等职业教育为学生提供了多元化的教育选择。对于那些更倾向于应用型、实践型学习的学生来说，高等职业教育提供了一个与传统学术型高等教育不同的学习途径，使得学生能够根据自己的兴趣和职业规划做出更合适的选择。高等职业教育在促进社会平等方面也扮演着重要角色。通过为更广泛的学生群体提供质量较高的教育机会，高等职业教育有助于缩小不同社会群体之间的教育差距，从而促进社会的整体进步。由于其紧密结合市场需求和职业技能的特点，高等职业教育能够有效地提高学生的就业能力和职业发展潜力，进而提高其社会流动性。

高等职业教育与普通高等教育在教育体系中虽然同属于国际教育标准分类的第三级教育，但其目标定位、教育内容和培养方式存在显著的差异性。普通高等教育，主要指在大学及类似教育机构进行的专业教育，侧重于学科知识的传授和理论研究的深化。这种教育模式以培养学生的学科理论知识和研究能力为主，着重于学术的深度和广度，旨在培养具有创新能力和批判性思维的专业人才。相反，高等职业教育着眼于职业技能的培训，其课程设计和教学方法更加注重实用性和应用性。这种教育类型以培养学生的职业技能和实践操作能力为主，致力于满足行业和市场对专业技术人才的具体需求。

尽管两者在教育目标和方法上存在区别，但在实际操作中，高等职业教育与高等专业教育之间的界限并不总是那么明确。在某些领域，两者之间存在交叉和融合，特别是在技术密集型的行业。例如，一些工程和技术专业，在普通高等教育中同样强调实践能力的培养，而在高等职业教育中，也会涉及相关学科的理论知识。这种交叉覆盖区使得高等教育体系更加多元化，也为学生提供了更广泛的学习和发展机会。这两种教育类型在对社会和经济的贡献上也各有侧重。普通高等教育通过培养高层次的专业人才，为社会的科学研究和技术创新提供动力，而高等职业教育则通过培养实用型技能人才，直接满足市场和行业的即时需求。两者共同构成了现代教育体系的重要组成部分，对社会的持续发展和人才培养起着不可替代的作用。

高等职业教育在现代社会中扮演着极其关键的角色，其培养人才的定位与范围，反映出其对于社会和经济发展的深刻理解与适应。在社会职业结构中，存在着八大类职业人才，涵盖了社会运行的各个方面，从基础服务到专业技术，每一类职业都有从初级到高级的人才分布。高等职业教育的核心在于为这些职业分类中的特定层次提供定向培养，尤其是执行层次中的初、中级人才和第一线操作层次的中、高级人才。这一教育定位基于对职业需求的精确分析，旨在填补社会与经济发展中出现的人才空缺。高等职业教育所培养的人才，其特征在于具备高中水平以上的文化基础，并能掌握必要的职业知识与技能。这种教育模式注重实用性和针对性，通过定向、定岗的培养方法，确保学生能够直接投入相应的职业岗位，有效地支撑社会的各个运行层面。与传统的高等教育相比，高等职业教育更加侧重于对实际操作能力的培养，降低了理论教育的比重，以更好地适应市场和职业的实际需求。高等职业教育在促进社会经济发展中的作用不可小觑。通过为社会提供具备即战能力的职业人才，这种教育不仅满足了市场的即时需求，还促进了社会的整体效率和生产力的提升。高等职业教育对于提高劳动力市场的灵活性和适应性也起到了积极作用，使得劳动力资源能够得到更加高效地配置和利用。

高等职业教育在我国教育体系中的分类及其特点，凸显了教育结构的多样性和复杂性。该体系将高等教育划分为学历教育和非学历教育两大类，其中学历教育进一步分为本科和专科两个层次。在本科教育层面，存在两类专业：学科型专业与学科职业型专业。这一分类体现了对教育目标和内容的细致区分。学科型专业强调对学科基础的训练，其教育内容和方法偏重于对理论知识的探究，旨在培养具有扎实学科基础和广阔知识视野的人才。这类专业通常没有明确的职业定向，更多地侧重于学术研究和理论探索，因此不属于职业教育的范畴。相比之下，学科职业型专业则是一种"两栖型"教育模式，它在保持一定的学科体系组织的明确了职业定向或具体职业岗位的教育目标。这种专业类型既注重专业学科的深度教育，又强调职业技能的培养，从而使学生既具备专业理论知识，又能适应特定职业岗位的需求。然而，按照我国的传统教育观念，这类专业通常被划归为普通高等教育，而非高等职业教育。

我国的专科教育体系具有多样化的特点，反映了对不同教育需求和社会发展阶段的适应情况。第一类专科教育类似于本科的学科职业型专业，这类专业在保持一定的学科体系基础上，明确了面向第一线职业岗位的培养目标。这种专业类型既属于普通专科，又具有职业专科的特性，它在专业性与职业性之间寻求平衡，旨在培养既有理论基础又具备实践能力的复合型人才。第二类专科更加注重职业岗位目标，其教学组织并不强调学科体系，而是以职业技能和岗位需求为核心，这种教育模式更加聚焦于培养具体职业所需的技能和知识。第三类专科则侧重于对职业技艺的培训，以职业技术等级为教学组织的核心，这种教育类型主要针对那些需要具体技艺培训的行业和岗位。后两类专科完全属于职业教育型，强调实用性和应用性。

在高等职业教育的非学历教育方面，主要分为三种形式：短期职业课程组教育、职业证书和岗位证书教育、职业技术等级教育。这些教育形式的学制通常在两年以下，目的是提供非学历文凭的学习证书或职业、岗位证书，或技术等级资格证书。这些教育形式的灵活性和实用性使其成为快速适应市场变化和满足即时职业培训需求的有效方式。高等职业教育在我国教育体系中具有职前和职后教育的双重职能。从小学、初中到高中，普教和职教实行分流，高等职业教育旨在接收高中毕业生、待业的中等职业技术学校毕业生、农职中学毕业生，以及具有高中文化的待业青年，为他们提供学历和非学历两种形式的职业技术教育。高等职业教育还承担着为在职职工提供培训的任务，以适应他们的岗位变换和职业发展需求。

由此，从职业教育按照教育功能来分析，可以得出以下体系，如图 1-3 所示。

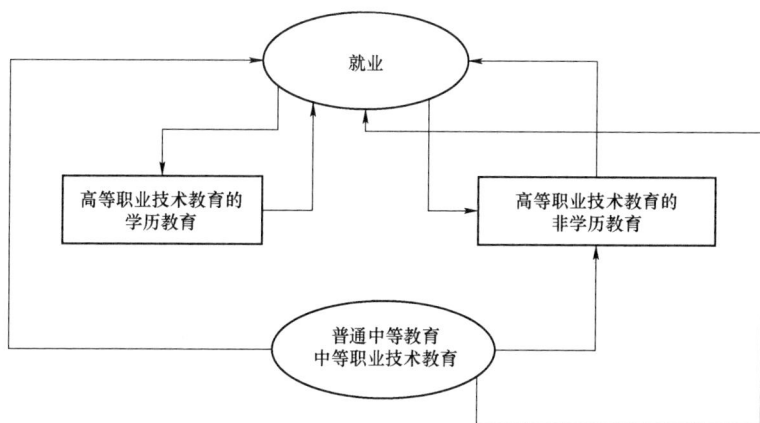

图 1-3　职业教育体系

我国高等职业教育体系的构建，在职业教育的角度看似乎形成了一个完整的框架，但实际上，它与普通高等教育、高等专业教育，以及成人与非成人高等教育等不同教育层面存在着复杂的交叉与重叠。这种情况下，我国现行的教育分类体系和管理体系中，普教、高教、成教、职教等多个领域之间的界限，如果不加以打破和重构，那么高等职业教育的体系化就难以实现。

目前的高等职业教育在管理体系中所呈现的形态，可能是片面的，甚至是支离破碎的。在这一背景下，高等职业教育体系的构建和完善需考虑多方面的因素。首先，需要整合普通高等教育、职业教育、成人教育等不同教育类型的资源和优势，以形成一个更加协调和统一的教育体系。这样的整合不仅要在教育内容和课程设置上实现，还要在教育管理和政策制定上进行协调。其次，要重视高等职业教育在理论与实践、职前与职后教育等方面的特点，确保其能够满足社会和市场的多元需求。还需促进高等职业教育与社会经济发展的紧密结合，通过教育与行业、企业之间的合作，为学生提供更多实践和就业机会。

高等职业教育体系的建设和发展，是一个动态且持续的过程，它要求不仅要跨越传统的教育分类界限，还要适应社会变化和技术进步的挑战。只有通过不断的改革和创新，才能使高等职业教育更好地服务于社会的发展和人才培养的需要。

第四节　高等职业教育的发展历程和定位

一、高等职业教育的发展历程

我国高等职业教育由于其自身所具有的高等性和职业性的双重特性，在构建我国国民教育体系和终身教育体系过程中发挥了双重的重要作用。这一教育形态在推动我国经济社会发展方面，不仅提供了一支高素质的技能型专门人才队伍，同时也提供了关键的智力支持，从而在促进国家持续发展和技术进步方面扮演着不可替代的角色。高等职业教育已经成为我国高等教育领域增长的新动力。通过对技能培训与理论教育的有效结合，高等职业教育不仅丰富了我国教育体系，而且在满足经济和社会对多样化人才需求方面发挥了关键作用，进一步证明了其在现代教育体系中的重要性和有效性。我国高等职业教育的发展历程如图 1-4 所示。

20世纪80年代

国家明确提出发展
高等职业教育的观念

20世纪90年代

我国高等职业
教育稳步发展

21世纪开始

高等职业教育
快速发展时期

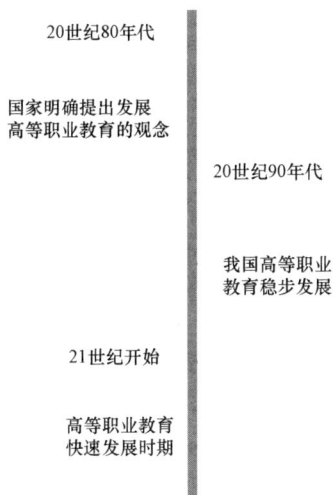

图 1-4　我国高等职业教育的发展历程

（一）国家明确提出发展高等职业教育的观念（20 世纪 80 年代）

改革开放后，随着我国地方经济的快速发展，对技术应用型人才的需求日益增长，为应对这一挑战，经济发达地区提出了创办职业大学的构想。1980年，经原国家教委批准，南京金陵职业大学、江汉大学等 13 所短期职业大学应运而生。这些短期职业大学的设立，是为了直接服务于经济发展和满足地方对技术应用型人才的迫切需求。

这类短期职业大学的运营模式具有鲜明的特点：花钱少、见效快、可收费、以走读为主、不包分配。这种模式通过较小的资源和投资输入，有效地提供了更多的教育机会，对缓解当时社会人才短缺的问题发挥了重要作用。短期职业大学的快速建立和发展，不仅体现了我国高等教育体系在资源配置和教育模式上的灵活性，而且展示了教育与地方经济发展紧密结合的实践案例。这些大学也为学生提供了实用技能和知识的学习机会，从而促进了学生的就业和职业发展。短期职业大学的成功经验，不仅为我国其他地区提供了可借鉴的模式，还为我国高等职业教育的发展奠定了坚实的基础。

（二）我国高等职业教育稳步发展（20 世纪 90 年代）

20 世纪 90 年代，我国的高等职业教育稳步的发展，其培养目标和发展定位得到了进一步的明确。在这一时期，我国政府采纳了"三改一补"和"三教统筹"的基本方针和政策，以推动高等职业教育的发展。这些措施和政策的实施，标志着高等职业教育在国家教育体系中的重要性得到了增强和认可。

1996 年和 1998 年，全国人大常务委员会分别通过了《中华人民共和国职业教育法》和《中华人民共和国高等教育法》，这两部法律的颁布，从法律层面上确立了高等职业教育在我国教育体系中的地位。这一法律框架明确指出，高等职业教育是高等教育的重要组成部分，在层次上属于高等教育，而在类型上则属于职业教育。这种立法上的明确，不仅为高等职业教育提供了法律支持和保障，而且在教育体系中为其赋予了明确的定位。这一时期的法律和政策变革，对于高等职业教育的发展产生了深远的影响，使其能够更好地适应社会经济发展的需要，为社会培养更多高素质的技能型专门人才。

（三）高等职业教育快速发展时期（21 世纪至今）

自 1999 年第三次全国教育工作会议决定大力发展高等职业教育以来，我国的高等职业教育进入了一个蓬勃发展的阶段。根据中华人民共和国教育部发布的全国高等学校名等显示，截至 2024 年 6 月 20 日，全国独立设置的高职院校数量已达 1 560 所。这一发展态势表明，高等职业教育已成为我国高等教育领域的重要组成部分，占据了高等教育体系中相当一部分的比重。我国90%以上的地市至少拥有一所高职院校，这一现状反映出高等职业教育的普及程度，以及其在满足公众接受高等教育需求方面的重要作用。此时期，高等职业教育的快速发展不仅满足了人民群众对高等教育的强烈需求，而且丰富了我国高等教育的类型结构，并完善了职业教育的层次结构。这对于我国在21 世纪初实现高等教育大众化的历史性跨越起到了关键作用。

二、高等职业教育的发展定位

（一）高等职业教育的宏观定位

教育，作为社会上层建筑的关键组成部分，其总体规划和设计往往由国家负责。国家在教育领域担负着总体规划和协调各部分的重要责任。教育系统本身是一个由众多相互关联的组成部分所构成的有机整体，它以不同级别和类型的学校构成的网络结构为表现形式。该系统的主要功能在于满足社会和个人需求，通过教育培养人才，同时促进社会在政治、经济、文化、科技等方面的发展，以及个人的自我提升。这个系统具备一般系统所具有的整体结构性、有机关联性、动态开放性，以及有序组织性和可控性等特征。

在这一体系中，职业教育作为教育系统的一个重要组成部分，与普通教育和特殊教育形成对比。职业教育不仅拥有其特有的地位和任务，而且还需要与其他教育类型进行分工与合作。因此，职业教育的定位应当首先在整个社会体系及国家制定的教育体系中寻找到其位置，这就是高等职业教育的宏观定位。

1. 高等职业教育价值功能定位

高等职业教育的价值和功能定位在其发展历程中逐渐显现，这一教育形态是响应社会发展需求而产生的，并在其演变过程中不断促进社会进步。高等职业教育的发展，不仅是教育领域自身演化的必然结果，而且反映了社会经济发展对人才培养模式的新要求。在当前的社会环境下，高等职业教育在推动经济持续发展和促进高等教育全面健康发展方面扮演着独特且不可替代的角色。这种教育模式强调对实践技能的培养及与理论知识的结合，旨在培养适应现代社会需求的高素质技能型人才。

从国际视角观察，发达国家高等职业教育的发展现实进一步证实了这一教育类型的重要性。在这些国家中，高等职业教育与社会经济的发展呈现正比关系，显示出国家的发展水平与其高等职业教育的先进程度之间存在密切

21

的联系。发达国家通过高等职业教育为社会提供了大量适应高技术、高技能要求的专业人才，从而支撑了国家的经济和社会发展。

（1）高等职业教育在大众化高等教育的功能价值

我国的高等教育正面临着从精英化向大众化发展的重要转变。所谓精英化的高等教育阶段，是指高等教育的覆盖率在同龄人口中不超过 15%；而大众化阶段的毛入学率介于 15%至 50%之间。随着社会和经济的发展，高等教育大众化成为了社会进步的必然需求。在此过程中，高等教育系统必须顺应时代的要求，向大众化方向发展。实践经验表明，人口众多的国家要实现高等教育的大众化，仅依靠传统的四年制本科和研究性学历教育是不足够的。21 世纪初全球劳动力和人才市场的趋势显示，在岗培训、转岗培训和继续教育，以及短期性、社区性、实用性的高等职业教育，已成为满足市场需求的关键路径。这些教育形式的多样性和实用性，为现代劳动力市场提供了广泛的选择。高等职业教育，以其"高等性"和"应用性"的特点，既能满足个人和家庭对高层次教育的追求，又能有效吸纳大量应届毕业生，促进高等教育从"精英教育"向"平民教育"的转变，实现高等教育的大众化。

（2）高等职业教育在维护社会稳定中的功能价值

高等职业教育通过为社会培养大量的技术技能型人才，有效缓解了就业市场的压力。这些通过职业教育培养出的毕业生，具备实际操作技能和职业适应能力，能够快速融入工作环境，满足社会对于专业技能人才的需求。其次，高等职业教育在促进社会公平方面也起着关键作用。通过提供多样化的教育机会，尤其是为社会边缘群体提供职业技能培训，高等职业教育有助于减少社会不平等现象，提高社会成员的生活水平和幸福感。高等职业教育还促进了社会的持续发展。通过与产业发展紧密结合，高等职业教育不断调整课程内容和教学方法，以适应经济发展的新需求，从而推动了产业升级和经济结构的优化。这种教育形式也为社会提供了创新和创业所需的实践技能和知识基础，为社会的创新发展注入了新的活力。

2. 高等职业教育的层次定位

高等职业教育作为高等教育体系中的一种类型，其层次定位具有独特性，不局限于高等教育体系内部的层次划分，而是在整个教育系统中占据特定位置。这种教育既属于高等教育范畴中的职业教育，也是职业教育体系中的高层次教育，其特性在于提供与学术目的为主的普通高等教育相对立的职业技能培养。

根据国际教育标准分类（ISCED）的定义，高等职业教育在全球教育体系中已被普遍认可并执行。随着教育形态的多样化和教育需求的变化，高等职业教育的定位在学术界已达成共识，被视为适应现代社会需求的重要教育形式。我国的高等职业教育，长期以来主要集中在专科层次，这一培养模式适应了我国过去经济建设的需求，为社会培养了大量技术技能型人才。然而，随着科技进步和国际合作的加深，以及知识经济时代的到来，对劳动者的技能和知识要求日益提高，现有的专科层次培养模式已逐渐显现出局限性。技术型人才的需求量不断上升，对人才的知识深度和广度及多元复合能力的要求也在增长。

在这种背景下，高等职业教育的层次结构需要适应时代的发展，进行相应的提升和调整。除了专科层次的教育外，还需发展本科层次，甚至研究生层次的高等职业教育，以满足社会经济发展对更高层次、更专业化技术人才的需求。高等职业教育层次结构的提升，不仅是时代发展的必然趋势，也是对高等职业教育自身发展的要求，旨在更好地适应社会经济发展的新需求，促进人才培养体系的完善和教育质量的提升。

3. 高等职业教育的社会定位

高等职业教育的社会定位可被理解为一种针对社会产业和人才市场需求的就业教育，其核心在于培养具备应用能力和技术技能的专业人才。这种教育形式的特点在于强调毕业生的职业能力和就业竞争力，从而直接服务于社会经济发展的需求。在这个框架下，高等职业教育首要的社会定位是为产业服务，为产业的发展、壮大和兴盛提供高素质的劳动人才。

从产业服务的角度看，高等职业教育与产业开发之间存在着明显的区别。产业开发关注于行业的创立、改造或整合，涉及知识创新、技术创新、管理创新等领域。相比之下，产业服务则更多地关注于将产业开发的成果应用于生产、流通和各类管理领域。虽然产业服务也需要创新意识和创业能力，但它通常不涉及深度的知识创新、技术创新和管理创新。

高等职业教育在社会中的定位应当是培养能够满足产业服务需求的专业人才。这不仅涉及对人才专业技能和实践能力的培养，还包括对创新意识和创业能力的培育。高等职业教育机构应与产业发展保持密切联系，了解和预测市场需求变化，调整教育内容和方法，以保证毕业生能够迅速适应并贡献于产业发展。高等职业教育的社会定位是以产业服务为核心，同时关注产业开发的实际需求，通过培养具备实际操作能力、创新思维和适应性强的专业人才，为社会经济发展贡献力量。在知识经济时代，这种教育的重要性日益凸显，它不仅为产业提供人才支持，还促进了整个社会的创新和发展。

（二）高等职业教育的微观定位

1. 基本情况

在宏观层面上理解了高等职业教育的定位之后，深入探讨其在微观层面的定位显得尤为重要。高等职业教育，作为职业教育体系中的一个重要层次，本身具有多样化和多层次的特征。它不仅包括专科层次的教育，随着经济和社会的发展，也逐渐涵盖了本科乃至研究生层次的教育。因此，具体到某一特定的职业教育机构，就必须对其在整个职业教育体系中的地位、层次及任务进行细致的定位，这对于把握该职业教育机构的培养能力至关重要。

在实际运作中，具体的高等职业院校需要明确自身的多项微观定位。这包括发展目标定位，确定学校追求的长远发展方向；学校类别定位，明确学校所属的类型；学校类型定位，区分学校的具体教育方向和特色；办学层次定位，确定教育提供的层次，如专科、本科等；学科（专业）定位，界定学校主要开设的学科或专业领域；办学形式与发展规模定位，确定学校的办学形式和合理的发展规模；服务面向定位，明确学校服务的主要对象和范围；功能定位，界定学校在职业教育体系中的具体作用；人才培养模式定位，确立学校的人才培养方法和特点；办学优势与特色服务定位，突出学校的优势和特色，以提供独特的教育服务。

2. 定位原则

（1）实事求是

高等职业教育在微观定位时应坚持实事求是的原则，这意味着高职高专院校在规划和确定自身的发展方向时，需要审慎处理现实需求与可能性的关系。目前，高等职业教育院校普遍面临着合并、扩招和扩建的趋势，这些变化在一定程度上有助于扩大教育规模和增强学校的竞争力。然而，这种发展模式也带来了一系列的问题和挑战。部分院校在追求发展的过程中，由于忽视了自身的教学、科研条件、师资队伍、管理模式和水平等实际情况，而盲目地追求规模扩张和层次提升，这种做法不仅无法达到预期的发展目标，反而可能使学校陷入困境。

在实事求是原则的指导下，高等职业院校应避免盲目跟风，避免在办学规模、层次和专业设置上的过度扩张。院校还需避免盲目追求所谓的"热门"专业而忽视当地经济建设和市场的实际需求，这种做法可能导致专业设置的重复和专门人才的就业困难。因此，高职院校应放弃不切实际的办学思路，认真贯彻科学发展观，根据所处的社会环境、经济发展状况和市场需求，结合学校自身的实力和资源条件，进行合理的定位。这种基于实事求是原则的微观定位，有助于高职院校实现稳健、可持续的发展，更好地服务于社会经济的需要。

（2）就业导向

就业导向原则在高等职业教育的微观定位中占据着核心地位，这一原则强调将就业市场的需求作为教育目标和内容的主要指导。在当前世界经济格局下，人力资源的质量日益成为政府和产业界关注的焦点。作为中国高等教育体系不可或缺的一部分，高等职业教育肩负着培养并输送适应生产、建设、管理、服务一线的高素质技术应用型人才的重任。这与传统的精英化高等教育模式形成鲜明对比，后者更多关注理论知识和学术研究。

社会需求是高等职业教育的动力源泉。当前，中国经济建设中急需大量能够适应一线岗位的高等应用型人才。经过二十多年的发展，高等职业教育已经证明，紧密关注市场对人才的需求，制定符合本地区、本行业发展的培养方案，能够使毕业生受到市场欢迎，进而推动学校的快速发展。实际情况表明，那些能够适应经济发展和就业市场需求的高等职业院校具有广阔的发展前景。就业导向原则不仅是高等职业院校自身发展的必由之路，也符合大多数人民群众的期望。绝大多数选择高等职业教育的学生来自中低收入家庭，这些家庭更加关注子女通过接受高等职业教育后能否在就业市场上获得竞争优势，找到适合的职业位置，以减轻家庭经济负担。因此，就业导向原则不仅反映了教育机构的发展需求，同时也代表了大多数家庭的愿望和需要。

（3）平衡协调

高等职业教育在微观定位时应坚持平衡协调原则，确保各种定位之间的综合平衡和一致性，避免出现相互牵制或矛盾。这意味着，当高职高专院校确定特定的服务面向和学校类别时，其学科和功能定位也应与之相协调。例如，如果服务面向定位是区域性的，并且学校类别定位为医疗类，则其学科和功能定位也应聚焦于医护人员的培养。高等职业院校应遵循高等教育自身的发展规律，坚持规模、结构、质量与效益的有机统一和协调发展。院校需要确保学生规模、师资队伍建设、教学基础设施建设和教学投资之间的协调发展，以保证教育质量的稳定提升。

高职院校的定位不应仅局限于自身的发展，还应与宏观定位保持一致，适应时代和社会的需求。这就要求院校将自身的发展与国家及地方的经济和社会发展紧密结合起来，形成相互促进的良性循环。通过这种方式，高等职业教育不仅能够更好地服务于区域和行业的发展，还能够提高自身的教育水平和社会影响力。

（4）突出特色

高等职业教育在微观定位中应坚持突出特色原则，这一原则要求地方高等职业院校紧密结合本地区的实际情况和经济发展特点，办出符合地区优势的特色学科，以促进学校的生存和发展。中国幅员辽阔，不同地区的经济发展状况、产业结构和资源禀赋各具特色，这为地方高校提供了发挥特色的空间和机遇。例如，某地区可能正在建设临港大工业、优势传统产业和高新技术产业群，如果当地的高等职业院校能够针对这些产业群开设相应的专业，便能更好地服务于地区经济的发展。反之，如果学校的专业设置与地区产业需求不相符，就会造成校企合作的障碍，影响毕业生的就业率和学校的社会声誉。

地方高校在进行专业设置和课程设计时，必须面向地区经济建设和社会发展的实际需求，积极适应就业市场的变化。随着中国产业结构的转型升级，新行业和新工种不断涌现，这就要求高等职业院校及时调整其办学方向和专业设置，以适应市场经济的发展潮流。突出特色原则的核心在于使高等职业教育紧密结合地区特色，发挥自身优势，办出与地区经济发展相匹配的特色专业，从而培养出符合市场需求的应用型人才。这样的办学策略不仅有利于提高学生的就业率和学校的社会声誉，也有助于促进地区经济的发展和社会进步。

第五节　高等职业教育的改革方向和保障机制

一、高等职业教育的改革方向

高等职业教育的改革方向主要包括四个方面：打造有活力的高职教育学校教师队伍，构建区域内终身学习服务体系，引入发展性评估高职教育方式，构建内涵发展的联盟协同机制。这些改革方面旨在提升高职教育的质量、适应性和吸引力，培养更多高素质技术技能人才，服务于经济社会发展和人的全面发展。具体而言，这些改革方面涉及教师队伍的准入、培养、管理、评价和发展，教育资源的共享、优化和创新，教育方式的变革、融合和国际化，教育效果的评估、反馈和提升，以及教育与产业、社会、国际的协同、合作和互动。这些改革措施需要各方面的共同参与和支持，形成一个有利于高职教育发展的制度环境和生态。高等职业教育的改革方向如表 1-3 所示。

表 1-3　高等职业教育的改革方向

改革方面	改革内容	具体措施
打造有活力的高职教育学校教师队伍	完善教师准入机制，加强适应性培训	对教师的教育背景、工作经验、教学能力等进行全面评估，定期进行教育理论和新技术新方法的培训
完善编制管理，加强晋升管理	建立明确、公平的晋升标准和程序，关注教师的个人发展规划，提供多元化的选择和支持	建立科学合理的编制设置和调整机制，根据学校的发展规划和教学任务，合理确定各类教师的编制数量和结构，优化教师的配置和使用； 建立动态管理的编制调整机制，根据教师的流动、退休、离职等情况，及时调整编制，保证编制的充分利用； 建立灵活的编制使用机制，鼓励教师跨校、跨地区、跨行业的交流和合作，拓宽教师的视野和经验
改革支撑评定制度，打通专业发展的上升通道	建立更为全面和公正的评价体系，合理评估教师的教学效果、实践指导能力和产业界合作成效	设计多元评价指标，强化教师实践指导及产业界合作的考核，以及定期评估和反馈机制的建立
培育名师队伍，打破生涯发展天花板	重视对教师创新能力和领导能力的培养，鼓励教师在教学和科研上进行探索和实践，拓宽教师的视野，提升教育教学的深度和广度	创新与领导能力培养，通过激励教学科研探索，提供多样化的专业发展机会，增设跨学科合作平台，以及定期组织教学成果分享和研讨
构建区域内终身学习服务体系	数字化学习平台的建设	建立市级的高职教育公共服务平台，以及县级、乡镇级的分中心，确保教育资源的广泛覆盖和便捷获取
在线课程资源的共享	推动区际、校际之间优质数字化资源库的共建共享，与互联网企业合作，开发适合高职教育的微课教学资源库	在线课程资源共享应致力于建立跨区域、跨校合作的数字资源库，与互联网企业协作开发高职教育专用微课教学资源，实施资源互联互通和技术支持，以及定期更新和优化资源内容
终身学习体验基地的构建	引入市场化运作机制，利用物联网技术与智慧教育云平台，打造面向市民的高职教育终身学习体验基地，联合社会机构开展市民主题游学活动	构建终身学习体验基地需融入市场化运作，结合物联网技术与智慧教育平台，创建高职教育体验区，合作社会机构开展主题游学，提供互动式学习与实践体验

续表

改革方面	改革内容	具体措施
引入发展性评估高职教育方式	关注学生的学习过程和能力发展	重视学生个体差异，强调对学生长期能力培养的追踪和支持，将学生的学习过程、学习策略和学习态度作为评估的重要内容
变革教师的角色和教学方式	从知识的传递者变为学生学习过程的引导者和促进者	根据学生的具体情况，设计合适的教学活动，提供有效的学习支持，根据学生的学习进展和反馈调整教学策略
建立更为全面和灵活的评价体系	包括多种评价方法，如同伴评价、自我评价、项目评价等	确保能够从多个维度全面评估学生的学习成果，提供及时的反馈，帮助学生了解自己的学习状态，及时调整学习策略
构建内涵发展的联盟协同机制	整合各高职院校之间的教学资源	整合师资力量、教学设施、课程内容等资源，实现资源的优化配置，提升教育服务的质量和效率
开展科研项目的合作、学生实习实训基地的共建，以及校企合作	促进教育与产业界的紧密结合，满足社会和产业的需求	为学生提供更多实践和就业机会，为地方经济的发展注入新的活力
探索新的教学方法和教育模式，积极融入新技术	适应时代的发展需求，提升教育的国际化水平	如项目式学习、工作坊教学、数字化教学、远程教育等

（一）打造有活力的高职教育学校教师队伍

1. 完善准入机制，加强适应性培训

高职教育的特殊性在于其强调应用技能和实践知识的传授，这就要求教师不仅要有扎实的理论知识，还要具备相应的实践经验和技能。因此，建立一套科学、合理的教师准入机制显得尤为重要。这包括对教师的教育背景、工作经验、教学能力等方面进行全面评估。针对已入职教师，需要定期进行适应性培训，这不仅包括教育理论的更新，还应包括新技术、新方法的学习，以确保教师能够跟上时代的步伐，有效地进行教学活动。

2. 完善编制管理，加强晋升管理

编制管理是指对教师职位的规划、分配和调整，其目的在于合理配置教育资源，优化教师结构。有效的编制管理不仅能够保障教师队伍的稳定，还能够通过明确的晋升渠道和制度，激励教师不断提升自身的教学和科研能力。这一方面需要建立明确、公平的晋升标准和程序，另一方面也需关注教师的

个人发展规划，为其职业生涯提供多元化的选择和支持。

3. 改革支撑评定制度，打通专业发展的上升通道

高职教育教师的评定制度往往偏重于学术研究成果，而忽视了教学实践和技能传授的重要性。因此，必须对评定制度进行改革，建立一个更为全面和公正的评价体系。这个体系应当能够合理评估教师的教学效果、实践指导能力，以及与产业界的合作成效，从而真正反映教师在高职教育领域的专业水平和贡献。

4. 培育名师队伍，打破生涯发展天花板

名师的培育不仅是单纯的知识和技能的传授，更是一种教育理念和教学方法的示范。在这个过程中，应当重视教师的创新能力和领导能力的培养，鼓励他们在教学和科研上进行探索和实践。通过建立教师交流平台、提供国际合作机会等方式，可以进一步拓宽教师的视野，提升其教育教学的深度和广度。

（二）构建区域内终身学习服务体系

在现代教育体系中，构建一个区域内的终身学习服务体系，尤其是将成人教育的概念扩展到高等职业教育领域，是实现教育现代化的关键步骤。这一过程涉及多个方面，包括数字化学习平台的建设、在线课程资源的共享，以及终身学习体验基地的构建。

数字化学习平台的建设是实现区域内高职教育终身学习服务体系的基础。在智慧教育框架下，不仅要建立市级的高职教育公共服务平台，还需在县级、乡镇级建立相应的分中心，确保教育资源的广泛覆盖和便捷获取。这种分层次的平台结构，能有效地推动管理权限下移，加强与社会数字化平台的对接。通过打造乡镇高职学校终身学习地图和终端学习平台，可以为辖区居民提供更加方便、快捷的学习途径，从而促进知识技能的普及和更新。

在线课程资源的共享是提升区域内高职教育质量的关键。依托数字化学习平台，推动区际、校际之间优质数字化资源库的共建共享，这不仅能够最

大限度地优化资源配置，还能够充分发挥互联网在教育领域的优势。通过与互联网企业合作，根据市场需求开发适合高职教育的微课教学资源库，不仅满足市民的个性化和碎片化学习需求，还能够促进高职教育与产业界的紧密结合，提升教育服务的网络化水平。

终身学习体验基地的构建是实现高职教育终身学习服务体系的重要环节。各高职学校应进一步挖掘科技、文化和教育资源，引入市场化运作机制。利用物联网技术与智慧教育云平台，打造面向市民的高职教育终身学习体验基地。通过联合社会机构共同开展个性化、品质化、特色化的市民主题游学活动，不仅可以传承优秀的地方文化，还能充实市民的精神生活，提升其生活质量。

（三）引入发展性评估高职教育方式

引入发展性评估作为高等职业教育改革的关键路径，体现了对教育质量和效果的深度关注。这种评估方式不仅是对学生学习成果的一种评价，更是一种全面的、动态的教育质量管理体系，旨在通过持续的反馈和改进，促进学生能力的全面发展和教育质量的持续提升。

发展性评估的核心在于其针对性和动态性。与传统的成果导向评估相比，发展性评估更加关注学生的学习过程和能力发展，重视学生个体差异，强调对学生长期能力培养的追踪和支持。这种评估方式将学生的学习过程、学习策略及学习态度作为评估的重要内容，从而更加全面地反映学生的学习成效和潜在的学习需求。

在实施发展性评估的过程中，教师的角色发生了根本性的变化。教师不再仅是知识的传递者，而是成为学生学习过程的引导者和促进者。教师需要根据学生的具体情况，设计合适的教学活动，提供有效的学习支持，同时根据学生的学习进展和反馈调整教学策略。这种教学方式要求教师具备更高的专业素养和教学能力，能够灵活应对各种教学挑战，有效促进学生的主动学习和深度学习。发展性评估还要求建立一个更为全面且灵活的评价体系。这个体系应当包括多种评价方法，如同伴评价、自我评价、项目评价等，以确保能够从多个维度全面评估学生的学习成果。评价的频率和形式也应更加灵活多样，旨在提供及时的反馈，帮助学生了解自己的学习状态，及时调整学习策略。

在高职教育领域，发展性评估的引入尤为重要。由于高职教育强调技能的培养和实践的应用，发展性评估能够更好地反映学生的实际操作能力和问题解决能力。通过对学生实践操作过程的观察和评价，教师可以更准确地把握学生的学习状况，及时调整教学内容和方法，确保教学更加贴近实际应用，更能满足社会和产业的需求。通过不断的自我反思和评价，学生可以培养自我监控和自我调节的能力，这对于其未来的职业发展和终身学习都具有重要意义。

（四）构建内涵发展的联盟协同机制

构建内涵发展的联盟协同机制在高等职业教育改革中扮演着至关重要的角色。这一机制的核心在于通过不同高职院校之间的合作与联盟，共享资源，优化教育结构，提升教育质量，实现教育资源的最大化利用和教育效果的最大化提升。在当前教育全球化和市场经济的背景下，这种协同机制不仅是高职教育应对挑战、实现可持续发展的有效路径，也是推动教育创新和提高教育竞争力的重要途径。联盟协同机制的实施，要求参与各方在保持自身特色和优势的能够有效地整合各自资源，形成互补和协同。这种整合不仅包括教学资源的共享，如师资力量、教学设施、课程内容等，也包括科研项目的合作、学生实习实训基地的共建、校企合作等多个方面。通过这种方式，可以有效地打破各高职院校之间的壁垒，实现资源的优化配置，提升教育服务的质量和效率。

在高等职业教育领域，技术和市场需求的快速变化要求教育内容和方式能够及时适应和更新。因此，联盟中的高职院校需要不断地探索新的教学方法和教育模式，如项目式学习、工作坊教学等，同时积极融入新技术，如数字化教学、远程教育等,以适应时代的发展需求。在联盟协同机制下,高职院校之间的合作不仅限于国内,还应拓展至国际领域。通过与国外高等职业教育机构的合作,可以引入国际先进的教育理念和教学方法,提升教育的国际化水平。国际合作还能为师生提供更广阔的视野和更多元的学习机会,如海外实习、交换生项目等,这对于学生的全面发展和国际竞争力的提升具有重要意义。在联盟协同机制中,高职院校还需关注区域经济社会发展的需要。通过与地方政府、行业企业的紧密合作,高职教育可以更好地服务于地方经济的发展,同时也能为学生提供更多实践和就业机会。这种校地、校企合作不仅能够提升教育的实用性和针对性,还能够为地方经济的发展注入新的活力。

二、高职教育的保障机制

(一)加强科研的引领

高职学校教育是继续教育和终身学习的重要组成部分,承担着为社会提供多样化、高质量的教育服务的重要使命。在新时代,高职学校要适应国家和社会的发展需求,不断提升自身的办学水平和服务能力,为建设学习型社会和教育强国作出贡献。为此,高职学校要加强科研引领,充分发挥科研服务领导决策、服务学校内涵发展、服务区域经济社会发展的"三个服务"功能。

科研服务领导决策,为高职学校的发展规划、教育改革、教学质量、人才培养等提供科学依据和指导意见。高职学校要紧密关注国家和社会的发展战略,结合自身的特色和优势,开展具有针对性、前瞻性的教育科学研究,为高职学校的发展定位、目标、路径、措施等提供理论支撑和政策建议。高职学校要加强对教育现状和问题的调查分析,为高职学校的教育改革、教学创新、教学评估等提供数据支持和改进方案。高职学校要加强对教育需求和趋势的预测研究,为高职学校的教学内容、教学方法、教学模式等提供更新换代和优化升级的动力和方向。

科研服务学校内涵发展，为高职学校的教师队伍、学科建设、学术氛围、学校文化等提供质量保障和动力源泉。高职学校要以科研为引擎，以项目为载体，以合作为纽带，以龙头为示范，使科研工作成为提升学校教师专业能力的重要平台。高职学校要鼓励和支持教师参与国家级、省级、市级等各级各类科研项目，提高教师的科研水平，促进成果产出。高职学校要加强与高校、科研机构、行业企业等的合作交流，拓宽教师的科研视野和资源渠道。高职学校要培育和打造一批科研龙头，形成科研团队和品牌，带动更多的教师参与科研活动。高职学校要以科研为支撑，以学科为核心，以课程为载体，以教材为基础，推动学校的学科建设和课程建设，提高教育教学的质量和水平。高职学校要以科研为引领，以学术为灵魂，以创新为动力，以成果为荣誉，营造学校的学术氛围和学校文化，提高学校的知名度和影响力。

科研服务区域经济社会发展，为高职学校的社会服务、社会影响、社会责任等提供价值实现和贡献展示的途径和平台。高职学校要紧密结合区域的经济社会发展的实际需求，开展有针对性、有实效性的应用研究，为区域的产业升级、技术创新、人才培养等提供智力支持和技术服务。高职学校要加强与政府部门、社会组织、企业单位等的合作联动，推动科研成果的转化应用，为区域的公共服务、社会治理、民生改善等提供解决方案和咨询服务。高职学校要加强与社会的沟通互动，提高科研成果的社会认知度和社会影响力，为区域的文化建设、社会进步、和谐发展等提供正能量和示范引领。

（二）加强合作共赢

高职教育是一种面向社会的开放教育，它旨在培养适应市场需求的高素质技术技能人才。高职教育学校作为高职教育的主体，应该积极探索与社会各界的合作共赢的办学模式，以提高教育质量和效益，为地方经济社会发展贡献智慧。

高职教育学校与社会各界的合作共赢的办学模式，主要体现在以下三个方面。第一，高职教育学校应该充分利用辖区内的企业、协会等社会组织的资源，建立稳定的合作关系，开展产教融合、校企合作、订单培养等模式，实现教育资源的共享，培养符合企业需求的人才，促进企业的发展，提高学校的社会声誉。第二，高职教育学校应该加强与高校、兄弟院校等同行的交流合作，借鉴优秀的教育理念、教学方法、教学内容、教学管理等方面的经验，实现教育资源的互补，提升教育水平，拓展教育渠道，增加学生的升学机会。第三，高职教育学校应该与培训机构、科研院所等专业机构建立合作伙伴关系，引入实战资深的师资团队，开发高质量的培训课程，满足不同群体的学习需求，提高学生的职业技能，增强学生的就业竞争力，也要加强科研创新，推动高职教育的发展。

（三）加强团队建设

加强团队建设是高职教育学校发展的重要保障。高效团队不仅能够提高学校的教学质量和管理水平，还能够激发学校的创新活力和社会影响力。高职教育学校应该从多个方面着手，培养和塑造一支具有共同愿景、协同工作、互相支持、不断进步的团队。

一方面，高职教育学校应该加强团队的内部建设，提高团队的凝聚力和协作力。通过定期召开教工会议，及时传达学校的发展方向和工作要求，听取教师的意见和建议，增强教师的参与感和责任感。通过组织思想交流，促进教师之间的沟通和理解，消除误解和隔阂，形成共识和信任。通过开展拓展培训，增强教师的团队意识和协作能力，培养教师的创新精神和解决问题的能力。通过实施部门合作，打破部门之间的壁垒和隔阂，实现资源的共享和优化，促进工作的高效和优质。通过实行精细管理，明确教师的岗位职责和考核标准，激励教师的工作积极性和主动性，提高教师的工作效率和质量。

另一方面，高职教育学校应该加强团队的外部建设，提高团队的竞争力和影响力。通过制定目标，明确学校的发展愿景和战略，激发教师的工作动力和奋斗目标，引导教师的工作方向和重点。通过分工落实，合理分配教师的工作任务和职能，充分发挥教师的专业优势和个人特长，实现团队的技能互补和优势互补。通过团队合作，鼓励教师之间的协调和配合，形成合力和协同效应，提升团队的执行力和创造力。通过良性沟通，建立有效的信息传递和反馈机制，及时解决工作中的问题和困难，增强团队的应变能力和危机意识。通过合适领导，根据教师的特点和需要，采用不同的领导风格和方法，激发教师的工作潜能和创造力，提升团队的士气和氛围。

第二章　乡村振兴理论概述

第一节　乡村振兴内涵解读

一、乡村振兴的规划解读

2018 年 1 月 2 日，国务院公布《中共中央国务院关于实施乡村振兴战略的意见》中指出，实施乡村振兴战略，是党的十九大作出的重大决策部署，是决胜全面建成小康社会、全面建设社会主义现代化国家的重大历史任务，是新时代"三农"工作的总抓手。2018 年 9 月，中共中央、国务院印发了《国家乡村振兴战略规划（2018—2022 年）》（以下简称《规划》），《规划》按照产业兴旺、生态宜居、乡风文明治理有效、生活富裕的总要求，对实施乡村振兴战略作出了阶段性谋划，明确了不同阶段的目标任务。到 2020 年，乡村振兴的制度框架和政策体系基本形成，各地区各部门乡村振兴的思路举措得以确立，全面建成小康社会的目标如期实现。到 2022 年，乡村振兴的制度框架和政策体系初步健全。《规划》还提出远景谋划。到 2035 年，乡村振兴取得决定性进展，农业农村现代化基本实现。到 2050 年，乡村全面振兴，农业强、农村美、农民富全面实现。党的十九届五中全会审议通过了《中共中央关于制定国民经济和社会发展第十四个五年规划和二〇三五年远景目标的建议》，对优先发展农业农村，全面推进乡村振兴提出了具体的建议。民族要复兴，乡村必振兴。习近平总书记在党的二十大报告中指出："全面建设社会主义现代化国家，最艰巨最繁重的任务仍然在农村。"在《中共中央国务院关于做好 2023 年全面推进乡村振兴重点工作的意见》中指出："党中央认为，必须坚持不懈把解决好'三农'问题作为全党工作重中之重，举全党全社会之力全面推进乡村振兴，加快农业农村现代化。强国必先强农，农强方能国强。要立足国情农情，体现中国特色，建设供给保障强、科技装备强、经营体系强、产业韧性强、竞争能力强的农业强国。

做好 2023 年和今后一个时期'三农'工作，要坚持以习近平新时代中国特色社会主义思想为指导，全面贯彻落实党的二十大精神，深入贯彻落实习近平总书记关于"三农"工作的重要论述，坚持和加强党对'三农'工作的全面领导，坚持农业农村优先发展，坚持城乡融合发展，强化科技创新和制度创新，坚决守牢确保粮食安全、防止规模性返贫等底线，扎实推进乡村发展、乡村建设、乡村治理等重点工作，加快建设农业强国，建设宜居宜业和美乡村，为全面建设社会主义现代化国家开好局起好步打下坚实基础。"2023年 8 月，由中华人民共和国农业农村部、中国国家标准化管理委员会、中华人民共和国住房城乡建设部联合印发《乡村振兴标准化行动方案》中指出："到2025 年，农业高质量发展标准体系基本建立乡村建设标准体系初步形成，标准化示范作用显著增强。"

二、乡村振兴的五大维度

乡村振兴包括乡村产业振兴、人才振兴、文化振兴、生态振兴和组织振兴，五大维度必须统筹兼顾、科学推进。乡村振兴战略是中国农村发展的全局性、战略性工程，涉及多个维度的协调推进。产业振兴为乡村发展提供物质基础，人才振兴为乡村注入发展的动力，文化振兴丰富乡村精神生活，生态振兴保障自然和谐与绿色发展，组织振兴则确保乡村振兴战略的顺利实施和治理效能。这五大维度相互支持、相互促进，构成了乡村振兴的整体框架，要求政府、市场和社会三方面的协同合作，以确保乡村振兴的全面推进和深入实施。

（一）产业振兴——乡村振兴的物质基础

产业振兴作为乡村振兴战略的关键点，其核心目标是推动农业全面升级、农村全方位进步、农民全面发展。在这一过程中，应充分发挥现代农业的引领作用，以科技创新为动力，以体制机制创新为保障，建立现代农业产业体系、生产体系和经营体系，形成更加紧密的产业链、价值链和创新链，激发农村内生动力和市场活力。

产业振兴的首要任务是发展现代农业。这意味着要从提高农业生产效率和产品质量入手，利用现代科技手段，实现农业的精准化、智能化和绿色化。现代化的农业生产不仅要注重数量的增长，更要注重质量和效益的提升，以满足市场和消费者对高品质农产品的需求。在这一点上，生物科技、信息技术等现代科技手段的应用成为提升农业现代化水平的重要支撑。产业振兴还要求农村一、二、三产业融合发展。这意味着要推动农业与制造业、服务业的深度结合，形成多元化的农村经济结构，打破传统农业与其他行业之间的壁垒。通过促进产业融合，农村地区能够更好地吸纳和转化各种资源和要素，实现产业链条的延伸和价值链的升级。产业振兴还需依靠体制机制的创新，尤其是产权制度和经营制度的创新，包括推动土地流转、鼓励合作社和家庭农场等新型经营主体的发展，以及促进金融服务下乡、投资引导等机制的建立，为现代农业的发展提供必要的政策和市场支持。

在体制机制的创新方面，还要注意到公共服务的配套和市场机制的完善。这意味着要改善农村基础设施，加强农产品市场体系建设，提升农产品的市场竞争力，同时为农民提供更多的就业和创业机会，实现农民收入的持续增长和生活质量的不断提高。产业振兴最终目的是激发农村内生动力，这要求政府、市场和社会三方面协同合作，共同推进农村产业的发展。通过政府引导和市场机制的有效配合，以及社会资本和创新资源的充分流动，可以形成推动农村产业发展的强大动力，为乡村振兴奠定坚实的经济基础。

（二）人才振兴——乡村振兴的关键

人才振兴作为乡村振兴战略的关键环节，其本质在于培育一支与新时代国家发展战略相适应的、对农业有深刻理解、对农村有真挚热爱、愿意服务农民的高质量人才梯队。这样的人才队伍不仅是乡村各项事业发展的中坚力量，而且能够发挥榜样带动作用，通过自身的实践活动，引领和促进乡村各方面的全面振兴。2018年中央一号文件明确指出："实施乡村振兴战略，必须破解人才瓶颈制约"，彰显了人才在乡村振兴中的核心地位，提出了对人才的高质量要求，并强调了人才资源的战略意义。

乡村人才的振兴关键在于建立与乡村发展需求相匹配的人才培养和引进体系。这一体系需要立足于乡村实际，既包括对农业科技、乡村管理、农村教育等领域专业人才的培养，也涵盖了对乡村实际贡献者的认可和支持。高质量人才的引进和培养，应致力于形成能够解决乡村发展难题、引领乡村发展方向、推动乡村社会进步的人才结构。这要求教育体系、人才政策和社会环境三者协同，既要强化高等教育和职业教育中农业相关学科的建设，也要创造条件吸引城市人才下乡，形成城乡人才双向流动和良性互动的局面。

乡村人才振兴还需注重人才培养的质量和适用性。不仅是对人才学术知识和专业技能的培养，更包含对人才综合素质的提升和对乡村实际工作能力的锻炼。高质量人才应具备创新意识、实际动手能力和社会责任感，能够在乡村实践中不断学习和成长，同时积极参与乡村治理和服务，真正成为乡村发展的推动者和实践者。政策制定者需要充分认识到人才对于乡村振兴的重要性，不仅要提供必要的政策支持和激励机制，还要营造有利于人才成长的社会环境和文化氛围。

（三）文化振兴——乡村振兴的精神基础

乡村文化振兴作为乡村振兴的精神基础，关键在于坚持精神文明与物质文明建设双轮驱动，深化文化自信，挖掘和传承乡土文化，促进农村文化的全面繁荣发展。在中国特色社会主义进入新时代的背景下，人民群众对美好生活的向往不仅是物质层面的满足，更包含了精神文化层面的富足。乡村文化振兴不仅是对传统文化的继承与发扬，还要求创新和发展，使之适应现代社会的需求，充分发挥文化的育人、激励、引导作用，进而推动乡村全面发展。

乡村文化振兴的目标是通过深入挖掘和创新传统乡土文化，使其成为乡村振兴的内在驱动力。这一方面需要保护和活化传统文化，确保乡土文化的连续性和活力。另一方面则需要在继承的基础上进行创新，使乡土文化能够适应新时代背景下的发展需求，成为推动乡村产业发展、加强社会治理、提升乡村吸引力的重要资源。在文化振兴的过程中，需要注重文化与产业的结合，挖掘文化产业的商业潜力，通过发展乡村旅游、非物质文化遗产的保护与利用等方式，为乡村经济发展提供新的增长点。还要通过文化活动的组织，加强乡村社区建设，促进村民的互动与交流，提高村民的文化素质和精神生活质量，构建和谐稳定的乡村社会环境。

乡村文化振兴也是塑造乡村新风尚、新习俗的过程。在这一过程中，需要坚持以人为本，以习近平新时代中国特色社会主义思想为指导，以社会主义核心价值观为引领，培育文明乡风、良好家风、淳朴民风。乡村文化建设的深化应有助于构建自治、法治、德治相结合的乡村治理体系，加强农民的道德建设，提升公民的法律意识，从而为乡村振兴提供坚实的社会基础。通过文化振兴，可以更好地实现科学发展观的要求，促进人与自然和谐共生，推动生态文明建设，实现绿色发展。在乡村组织能力的提升方面，文化的力量也不容小觑，通过强化文化自觉和文化自信，可以提升乡村居民的归属感和自豪感，激发他们参与乡村振兴的热情和动力。

（四）生态振兴——乡村振兴的重要支撑

自党的十八大以来，习近平总书记提出的生态文明建设新理念和新战略，为新时代我国生态文明建设指明了方向，提供了遵循。在这一系列理念中，"绿水青山就是金山银山"的发展观念尤其突出，它不仅是一种理念的创新，更是对我国传统发展模式的深刻变革。这一理念明确指出，必须坚持节约资源和保护环境的基本国策，坚定不移走绿色可持续发展道路，这是乡村振兴的重要支撑。党的二十大报告指出："我们坚持绿水青山就是金山银山的理念，坚持山水林田湖草沙一体化保护和系统治理，全方位、全地域、全过程加强生态环境保护，生态文明制度体系更加健全，污染防治攻坚向纵深推进，绿色、循环、低碳发展迈出坚实步伐，生态环境保护发生历史性、转折性、全局性变化，我们的祖国天更蓝、山更绿、水更清。"

生态振兴作为乡村振兴的支撑，意味着要将生态文明建设融入乡村振兴的全过程和各方面。生态振兴要求构建和谐的人与自然关系，这不仅是对自然环境保护的要求，更是对生态资源合理利用和生态环境改善的追求。农村地区的生态环境优势是其最大的竞争力，生态资源的丰富性和生态环境的优良性直接关系到农村经济的发展潜力和农民的生活质量。因此，加强生态保护和改善，实现农业绿色发展，是乡村振兴不可忽视的基础工作。

生态振兴是推动乡村经济结构转型升级的关键。在乡村振兴的过程中，必须注重生态环境与经济发展的协调，推动农业向生态农业、循环农业转变，发展生态旅游、绿色食品等绿色产业，通过这些产业的发展，不仅能够提高农村的经济效益，也能够改善农村的生态环境，形成生态与经济双赢的局面。良好的生态环境能够吸引更多的人才和资本进入乡村，为乡村振兴注入新的活力。乡村的生态环境直接影响着农民的健康和生活质量，一个良好的生态环境有助于提升农村居民的幸福感和获得感，是全面建成小康社会的重要条件。优美的乡村环境也有利于培养农民的生态文明意识，促进农村社会文明和谐发展。

（五）组织振兴——乡村振兴的政治保障

组织振兴作为乡村振兴的政治保障，其本质在于通过加强农村基层党组织的建设，培育优秀的党组织书记，从而构建更加有效和充满活力的乡村治理机制。农村基层党组织是党在农村工作的坚强堡垒，对于贯彻党的农村方针政策、指导农村经济社会发展、维护农民利益、促进农村和谐稳定具有不可替代的作用。

组织振兴要求加强农村基层党组织建设，这不仅是提升党组织自身建设水平的问题，更是深化党在农村基层的治理能力、提升党的领导力和凝聚力的关键。农村基层党组织的强化，是通过制度创新、功能优化、机制活化实现的，需要农村党组织书记和党员在推进乡村振兴中发挥领导核心和示范带头作用，确保党的决策部署在农村得到有效执行。农村基层党组织的活力与效能，直接关系到乡村振兴策略的落地生根，关系到农村经济社会发展的全局。组织振兴还需深化农村治理体系的改革，推进农村民主政治建设，完善农村社会治理，使之更加民主、法治化、智慧化、专业化。乡村组织振兴不仅要建立健全党内民主和村民自治相结合的农村基层治理模式，还要在此基础上，探索适应新时代要求的乡村治理新路径，不断提高农村基层党组织治理现代化水平。

乡村组织振兴是乡村振兴的政治保障，这一保障既是权力运行的保障，也是乡村发展稳定的保障。强化农村基层党组织建设，是确保党的路线方针政策和中央决策部署在农村得到贯彻实施的基础，是推进乡村治理体系和治理能力现代化的重要途径，更是保证乡村社会和谐稳定、农民权益得到有效维护、乡村全面振兴得到实质性推进的重要保证。因此，乡村组织的振兴不应仅仅停留在组织建设本身，而应深入推进与乡村振兴的深度融合，以组织的力量激发乡村发展的活力，以组织的智慧引领乡村治理的创新，以组织的温度凝聚乡村社会的共识，共同书写乡村振兴的宏伟篇章。

第二节　乡村振兴的发展及战略意义

一、乡村振兴战略的发展历程

2017 年 10 月，党的十九大报告首次提出乡村振兴战略，旨在推动农业农村现代化，实现产业兴旺、生态宜居、乡风文明、治理有效、生活富裕的综合发展。该战略的重要性在于其背景——城乡差距的逐渐扩大，以及乡村发展的不平衡与不充分。农村稳定、农业发展和农民增收是国家社会和谐与稳定的重要支柱。乡村振兴战略不仅是"三农"长期发展的宏伟规划，也象征着"三农"改革思想的重大转型。

根据 2018 年中央一号文件，到 2035 年，预期乡村振兴取得决定性进展，农业农村现代化基本实现。农业结构得到根本性改善，农民就业质量显著提高，共同富裕迈出坚定步伐；城乡基本公共服务均等化基本实现，城乡融合发展体制更加完善；乡风文明达到新高度，乡村治理体系更加完善；农村生态环境根本好转，美丽宜居乡村的实现。

2019 年中央一号文件进一步强调了乡村建设的推进、乡村产业的壮大、农村改革的深化、乡村发展活力的激活，以及乡村治理机制的完善。

2020 年中央一号文件则聚焦于打赢脱贫攻坚战，对标全面建成小康社会加快补齐农村基础设施和公共服务短板，保障农产品的有效供给和促进农民持续增收，强化农村基层治理，以及加强农村补短板保障措施。

2021 年中央一号文件强调新发展阶段"三农"工作依然极端重要，须臾不可放松，务必抓紧抓实。要坚持把解决好"三农"问题作为全党工作重中之重，把全面推进乡村振兴作为实现中华民族伟大复兴的一项重大任务，举全党全社会之力加快农业农村现代化，让广大农民过上更加美好的生活。

2022年中央一号文件强调做好2022年"三农"工作，要以习近平新时代中国特色社会主义思想为指导，全面贯彻党的十九大和十九届历次全会精神，深入贯彻中央经济工作会议精神，坚持稳中求进工作总基调，立足新发展阶段、贯彻新发展理念、构建新发展格局、推动高质量发展，促进共同富裕，坚持和加强党对"三农"工作的全面领导，牢牢守住保障国家粮食安全和不发生规模性返贫两条底线，突出年度性任务、针对性举措、实效性导向，充分发挥农村基层党组织领导作用，扎实有序做好乡村发展、乡村建设、乡村治理重点工作，推动乡村振兴取得新进展、农业农村现代化迈出新步伐。

2022年党的二十大报告指出，全面推进乡村振兴。加快建设农业强国，扎实推动乡村产业、人才、文化、生态、组织振兴。全方位夯实粮食安全根基，全面落实粮食安全党政同责，牢牢守住十八亿亩耕地红线，逐步把永久基本农田全部建成高标准农田，深入实施种业振兴行动，强化农业科技和装备支撑，健全种粮农民收益保障机制和主产区利益补偿机制，确保中国人的饭碗牢牢端在自己手中。树立大食物观，发展设施农业，构建多元化食物供给体系。发展乡村特色产业，拓宽农民增收致富渠道。巩固拓展脱贫攻坚成果，增强脱贫地区和脱贫群众内生发展动力。统筹乡村基础设施和公共服务布局，建设宜居宜业和美乡村。巩固和完善农村基本经营制度，发展新型农村集体经济，发展新型农业经营主体和社会化服务，发展农业适度规模经营。深化农村土地制度改革，赋予农民更加充分的财产权益。保障进城落户农民合法土地权益，鼓励依法自愿有偿转让。完善农业支持保护制度，健全农村金融服务体系。

2023年中央一号文件强调，必须坚持不懈把解决好"三农"问题作为全党工作重中之重，举全党全社会之力全面推进乡村振兴，加快农业农村现代化。强国必先强农，农强方能国强。要立足国情农情，体现中国特色，建设供给保障强、科技装备强、经营体系强、产业韧性强、竞争能力强的农业强国。

自乡村振兴战略实施以来，中国农村发生显著变化，通过美丽乡村建设，实现了"村村优美、家家创业、处处和谐、人人幸福"的乡村理想。农民的生活水平普遍达到小康和富裕水平。当美丽乡村普及全国时，美丽中国的概念成为现实，这也标志着向富强民主文明和谐美丽的现代化强国迈进的重要步骤。

二、乡村振兴的战略意义

（一）有利于实现社会主义现代化建设战略目标

社会主义现代化建设作为我国当下阶段的核心任务，其成功实施离不开乡村振兴战略的全面贯彻。农业和农村的现代化不仅构成国民经济的基础，而且是国家整体现代化进程的关键组成部分。在全球范围内，任何国家的现代化进程，特别是对于人口众多的大国而言，都离不开城乡协调发展的大格局，乡村振兴战略在这一过程中扮演着至关重要的角色。

中国的强大离不开农业的繁荣，农业的繁荣直接关系到国家的富裕和美丽。乡村振兴战略的深入实施，正是为了实现这一目标。中国共产党一直将保障粮食安全作为头等大事，这不仅体现在保证主要农产品的生产和供给上，更体现在通过农业发展推动工业和服务业的发展，保障农村社会稳定，提高农民收入和改善其生产生活条件上。乡村振兴战略的实施正是为了强化这一过程，确保没有农民的小康就没有全国的小康。

自改革开放以来，中国农业农村取得了显著的发展，现代化水平也得到了大幅提升。然而，应当清醒地认识到，在社会主义初级阶段，农业和农村仍然是全面建成小康社会和现代化建设中的短板。农业面临资源和市场的双重约束，市场竞争力需要进一步提升。城乡发展的不平衡，农民收入的稳定增长，以及农村现代文明水平的提高，都是当前面临的重大挑战。乡村振兴战略的实施，正是为了应对这些挑战，通过农业供给侧结构性改革，培育农村发展的新动能，加强农业基础设施建设和公共服务，从而推动农业、农村的全面发展。

乡村振兴战略的实施对于实现社会主义现代化建设具有深远的战略意义。首先，它能够强化农业作为国民经济基础的地位，通过提高农业生产效率和产品质量，促进农业向现代化转型。其次，乡村振兴能够改善农村的生产和生活条件，通过改善基础设施、提升公共服务质量，促进农村社会的全面进步。乡村振兴还有助于缩小城乡差距，通过增加农民收入，提高农村居民的生活水平，推动城乡一体化发展。这不仅有助于实现农村的现代化，更是推动整个国家现代化的重要途径。

乡村振兴战略还有助于促进农村的社会和文化发展。通过加强农村教育、卫生和文化设施的建设，提高农民的文化素质和健康水平，从而为现代化建设提供有素质、有文化的人力资源。乡村振兴还将改善农村的生态环境，通过实施绿色发展理念，保护和改善农村生态环境，促进农村的可持续发展。

乡村振兴战略对于实现社会主义现代化建设的战略目标具有重大意义。它不仅关系到农业和农村的发展，更关系到整个国家的现代化进程。通过深入实施乡村振兴战略，我们将能够推动农业现代化，改善农村生产生活条件，缩小城乡差距，提高农民的生活水平，促进农村的社会和文化发展，改善农村生态环境，从而为实现社会主义现代化建设的战略目标提供坚实的基础和支撑。

（二）有利于解决我国社会存在的主要矛盾

改革开放以来，中国经济、政治、社会、文化等多方面的飞速发展显著提升了人民的生活质量。然而，随着社会发展和人民需求的不断提升，我国的主要矛盾已经转化为人民日益增长的美好生活需要和不平衡不充分的发展之间的矛盾。在这一背景下，乡村振兴战略的提出和实施，对于解决我国社会存在的主要矛盾具有深远的战略意义。

城乡发展的不平衡是当前中国最大的发展不平衡问题，农村发展的不充分更是最大的不充分问题。乡村振兴战略的核心目标之一便是缩小城乡差距和区域差距，加速农业农村的发展。通过这一战略的实施，可以有效解决社会主要矛盾，促进社会的和谐与稳定。中国是一个幅员辽阔的人口大国，城市的无边际扩张和人口的无节制增长都不是可持续的发展模式。即使在城镇化迅速推进的今天，农村人口仍将占据较大比重，因此，农村的发展不可忽视。乡村振兴战略的深入实施，不仅关乎数亿农村人口的福祉，还关乎城市居民对农村自然生态和宁静生活的向往。

尽管当前中国的一些城市在经济方面已经达到与欧洲、美国相仿的发达程度，但农村地区与发达国家之间的差距却仍然巨大。衰败萧条的乡村与人民日益增长的对美好生活的需求之间的矛盾日益凸显，成为制约社会和谐发展的重要因素。农村地区的破败房屋、杂草丛生的庭院、留守的老弱妇孺，以及陈规陋习的盛行，都是不平衡不充分发展的具体体现。因此，必须下大决心，花大力气改变这一现状。

乡村振兴战略的实施，意味着要全面推进农村经济、政治、文化、社会、生态文明建设和党的建设，确保乡村尤其是欠发达农村能够跟上全国的发展步伐。这不仅是实现农村地区发展的问题，更是全面建成小康社会、全面建设社会主义现代化国家进程中的重要一环。

乡村振兴战略对于解决我国社会存在的主要矛盾具有重要的战略意义。首先，它能够推动农业和农村经济的发展，提高农村地区的生产力，从而缩小城乡之间的经济差距。其次，通过改善农村地区的基础设施和公共服务，提高农村居民的生活质量，可以有效地满足人民对美好生活的需求。乡村振兴战略还能够促进农村社会和文化的发展，改善农村的社会治理，增强农村社区的凝聚力，从而为社会的和谐稳定提供支撑。

乡村振兴战略对于解决我国社会存在的主要矛盾具有重要的战略意义。通过全面推进农村的经济、政治、文化、社会和生态文明建设，不仅可以改善农村地区的发展状况，更可以推动社会主义现代化建设的进程，实现社会的全面和谐发展。这一战略的成功实施，将为我国的社会稳定和持续发展奠定坚实的基础。

（三）有利于广大农民对美好生活的期待

乡村振兴战略作为新时代我国农业农村发展的重要指导方针，对于实现广大农民对美好生活的期待具有深远的战略意义。这一战略的实施不仅是对

"三农"问题的全面回应，而且充分体现了以人民为中心的发展理念。农业供给侧结构性改革的新进展、新农村建设的新成效、深化农村改革的新突破，以及城乡一体化的新步伐，都在实际上增强了农民的获得感和幸福感。这些变革不仅关乎农业的发展，更关乎亿万农民的切身利益。

中国共产党始终将依靠农民、为亿万农民谋幸福视为重要使命。从农业供给侧结构性改革到新农村建设，从深化农村改革到脱贫攻坚，每一项举措都旨在增进农民福祉，改善农民生活条件，提升农民的生活质量。2018年中央一号文件提出的乡村振兴三个阶段性目标任务，清晰地勾勒出实现农业农村现代化的路线图。通过这些具体的目标和任务，可以有效地促进农村地区的全面发展，满足农民对美好生活的渴望。

实施乡村振兴战略，不仅是为了解决农业生产问题，更是为了提高农民的生活水平和生活质量。乡村振兴战略的成功实施将有助于农业和农村经济的持续增长，增加农民的收入，改善农民的生产生活环境。通过提升农村基础设施建设、加强农村公共服务、推动农村教育、卫生和文化设施的改善，农民将享受到更多的社会福利和更高的生活质量。乡村振兴战略还将促进农村社会治理和文化建设的发展，增强农村社区的凝聚力和活力，提高农民的文化素质和生活水平。

乡村振兴战略对于满足广大农民对美好生活的期待具有重大意义。通过全面推进农业农村的发展，有助于不断提升农民的生活水平，改善农民的生产生活条件，促进农村经济的持续增长和社会的全面发展。这一战略的成功实施，将使亿万农民享受到实实在在的实惠，实现农民对美好生活的期待，为全体中国人民在共同富裕的大道上不断迈进提供坚实的基础和支撑。

（四）有利于中国智慧服务于全球发展

乡村振兴战略在全球背景下的深远意义，不仅限于促进中国农村的全面发展，更在于其为全球乡村问题的解决贡献了独特的中国智慧和方案。随着经济全球化的加速发展，各国面临的挑战与机遇日益相互交织。中国在乡村振兴方面的实践和经验，不仅是国内农业农村发展的重要指导，更有助于世界各国特别是发展中国家在处理类似问题时提供参考和借鉴。

长期以来，中国始终坚持自主创新和实践探索，通过不断思考和创新，为国家富强和人民幸福作出了重大贡献取得了巨大成就。这些成就不仅是中国发展的重要里程碑，也为全球进步和发展提供了宝贵的经验。中国在农业农村发展领域的探索，如乡镇企业的兴起、小城镇发展、城乡统筹、精准扶贫等，已成为全球解决农村问题的重要范例。这些成功经验在解决乡村衰落和城市贫民窟现象上，为世界许多国家特别是发展中国家提供了可行的方案。

在全球化背景下，中国乡村振兴战略的实施对于全球乡村问题的解决具有重大意义。中国作为一个人口重多、城乡差异明显的大国，其在乡村振兴上的实践对于全球具有指导意义。中国在推进乡村振兴过程中，不仅实现了产业兴旺、生态宜居、乡风文明、治理有效、生活富裕，还实现了新型工业化、城镇化、信息化与农业农村现代化的同步发展。这一过程中积累的经验和智慧，对于全球特别是发展中国家解决乡村问题，提供了可借鉴的中国方案。

中国乡村振兴战略的深远影响，不限于中国国内。它的成功实践不仅惠及中国人民尤其是亿万农民，而且能为全球乡村问题的解决贡献中国智慧和中国方案。这一战略的实施，将加强中国与世界各国在乡村振兴领域的交流与合作，推动全球农业农村发展，促进全球乡村问题的有效解决。通过乡村振兴战略的实践，中国不仅展现了自身的发展成就，也向世界证明了中国智慧和中国方案在全球发展中的重要作用，为建设人类命运共同体贡献了中国力量。

第三章 乡村振兴与高职教育的
战略定位与着力点

乡村振兴战略，作为国家战略体系中的关键组成部分，已被纳入党的指导方针，成为国家重点实施的中长期战略计划。该战略的核心在于推动农业农村的现代化，进而提升整个国家的综合实力。在这一过程中，顶层设计的科学性和务实性尤为关键，它们直接影响战略的有效实施和预期目标的实现。关于顶层设计，重要的一环是对人才资源的重视和利用。乡村振兴的成功与否，极大程度上取决于人才的培养和有效利用。

农民作为乡村振兴的主体，其在这一战略中的地位不容忽视。因此，培育新型农民，构建强大的乡村振兴人才队伍，成为实现农业现代化的关键。在这个过程中，成人教育，尤其是农村成人教育，是普及乡村文化、传授知识技能、推广技术，以及提供就业创业培训的主体。通过终身学习的方式，成人教育能够有效提升乡村人才的综合素质，为乡村振兴战略的实施提供坚实的知识和技能支撑。

在实施乡村振兴战略的过程中，应当着重解决人才瓶颈问题，加强对农民的教育和培训，提高他们的综合素质和技术能力。这不仅是对农民个人发展的重要支持，也是实现乡村振兴战略目标的必要条件。通过这样的途径，可以期待乡村振兴战略在推动农业现代化的也为区域的全面发展和人民的幸福生活作出积极贡献。

第一节　乡村振兴面临的挑战与教育诉求

一、乡村产业发展，需要现代化人才队伍支撑

产业兴旺是乡村振兴的基础和根基，其内涵与建设目标就是实现农业产业现代化与乡村第一、二、三产业融合发展。当前，中国农村产业发展面临诸多挑战，其中最为突出的是产业结构的滞后和生产效率的不高。家庭为单位的小规模农业经济仍然占据主导地位，生产能力和效率低下，农业现代化的任务显得尤为艰巨。

在乡村三产融合的过程中，农村的主要功能还是较为单一，产业链条局限性大。农产品加工业、现代休闲农业、乡村旅游民宿经济等新型产业的发展严重滞后，限制了农村经济的多元化发展。乡村产业发展的困境不仅是技术和市场的问题，还涉及农村人口结构的变化，如人口空心化、老龄化、兼业化和留守化现象的加剧，以及农村土地的闲置和农业技术的落后。

在解决这些问题的过程中，农民素质和现代化人才的匮乏被认为是核心障碍。因此，提高农民素质，特别是其技能和知识水平，是推动乡村产业振兴的关键。然而，当前中国农民的整体受教育水平相对较低，这限制了其参与现代农业的能力。

针对这一问题，高职教育成为了解决方案的一部分。高职教育通过整合各方面的优质资源，能够广泛地开展灵活多样的成人教育培训，从而提升农民的技能型人力资本。这不仅涉及农业技术和管理知识的传授，还包括市场经济、创新创业等方面的教育。通过这种方式，可以培养一支懂农业、爱农村、爱农民的"三农"工作队伍，这对于推动乡村产业的现代化至关重要。

乡村产业的发展还需要从政策和市场两个层面进行支持。政府需要制定合理的政策，引导资源流向农村，支持农村产业的多元化发展。市场需要进行引导和激励，促进农产品的有效销售，增强农民的市场意识，提高其参与现代农业的积极性。

二、乡村文化治理，需文化传承与文明再造

乡村文化作为一种深植于农村社会的文化现象，承载着丰富的传统价值和社会规范。在中国传统社会中，乡村文化不仅是生活方式的体现，更是一种深厚的文化积淀。乡村文化的核心在于对传统的维系和对文明的传承，这些文化形态被概括为"乡风文明"。乡风文明的关键在于传承优秀的文化，强化文化供给，提升农民的文化素质，从而塑造积极向上的乡村社会风貌。

费孝通在其对中国乡村社会的研究中，提出了"礼治秩序"的概念。他认为，乡村社会的礼治秩序是基于传统文化的自然演化，这种文化形式在社会生活中自然形成，无需外在的强制力量。在乡土社会中，礼不仅是一种行为规范，而且是一种社会公认的合适的行为模式。这种基于传统的行为规范，不同于法律的强制性，更多地体现为一种文化传承和社会共识。因此，费孝通认为乡土社会的礼治是人们的行为不受法律约束而自动形成的秩序，是人们在教化中养成的个人敬畏之感，主动地服于成规罢了[①]。

然而，随着社会的变迁，特别是改革开放以来，中国农村面临着前所未有的挑战。工业化、城镇化和现代化的快速发展，使得传统的乡村文化遭受冲击，许多传统的价值观和生活方式开始逐渐淡出人们的视野。农村中的大量年轻人外出务工，他们开始脱离传统的乡村文化生活秩序。传统文化的代表——年长者，也因无法适应社会的快速发展而成为乡村社会的

---

① 费孝通. 乡土中国·生育制度·乡土重建 [M]. 北京：商务印书馆，2011.

边缘群体。在这样的背景下，乡村文化逐渐失去了其独特的精神动力和文化内涵。

面对这种情况，乡村振兴战略中的文化传承和文明再造显得尤为重要。在乡村振兴的进程中，必须重视文化的传承和发展。应充分发挥高职教育在农村成人教育中的作用，通过农村文化礼堂、党员学习室、农家书屋、农民大课堂等载体，挖掘和弘扬传统优秀地域文化中的价值观、人文精神和道德规范。通过这些教育活动，可以有效提升农民的文化素质和素养，重塑乡村传统文化的精神核心。应加强社会主义核心价值观和公民思想道德的普及教育。通过这种教育，不仅能够传承优秀的传统文化，还能够引导农民树立正确的价值观和生活态度，从而促进乡村社会的和谐稳定，这也有助于构建一个积极向上、文明和谐的新型乡村文化环境。

乡村文化的传承与文明再造还需关注农村青年的文化教育和引导。青年是乡村文化传承的重要力量，他们的观念和行为将直接影响乡村文化的未来走向。因此，应通过高职教育和各种文化活动，引导青年了解和尊重传统文化，激发他们对乡村文化的兴趣和热情，促进乡村文化的创新与发展。

三、乡村生态治理，需绿色育人与综合整治

乡村振兴战略的实施，面临的重要挑战之一是乡村生态环境保护。在这一过程中，绿色育人和综合整治成为了实现乡村可持续发展的关键因素。结合高职教育的角度来看，乡村振兴不仅是经济发展的问题，更是一个涉及生态保护、教育提升和社会进步的综合性课题。

乡村生态环境保护是乡村振兴的基础。乡村环境的优劣直接影响着农民的生活质量和农业生产的可持续性。因此，保护乡村的自然环境，防止污染和破坏，是实现乡村振兴的首要任务。这不仅需要政府的政策支持和资金投入，更需要农民的积极参与和对生态环境保护的认识提升。在这方面，绿色育人发挥着至关重要的作用。高职教育在绿色育人方面可以发挥重要作用，

通过课程设置和实践活动，培养学生的环保意识和生态保护技能。例如，农业相关专业的课程中可以增加生态农业、可持续发展等内容，教授学生如何在农业生产中实施环保措施，如何有效利用资源，减少环境污染。高职院校还可以组织学生参与乡村环境保护的实践活动，如植树造林、水源保护、生物多样性保护等，让学生在实践中学习和体验生态保护的重要性。

乡村振兴的另一大挑战是如何进行综合整治。乡村综合整治不仅包括物质环境的改善，更包括社会环境和文化环境的提升。高职教育在乡村综合整治中的作用不容忽视。高职院校可以与乡村密切合作，运用其在技术、管理等方面的专业优势，帮助乡村进行科学规划和有效管理。例如，通过建设农业示范基地、提供技术咨询和服务，帮助乡村改善农业生产条件，提高农业生产效率。高职教育还可以在乡村社会环境和文化环境的建设中发挥作用。通过组织文化交流活动、提供社区服务等方式，促进乡村文化的传承和发展，提升农民的文化素养和生活质量。通过教育和培训，提升农民的专业技能和管理能力，帮助他们适应现代农业发展的需求。

四、乡村组织治理需要培育基层组织治理人才

乡村振兴作为一项涉及较多领域的国家战略，不仅需要物质资源的投入，更需要人才支撑，尤其是在乡村组织治理领域。乡村组织治理的有效性直接关系到乡村振兴战略的成败，而培育基层组织治理人才则是实现这一目标的关键。在这一过程中，高职教育扮演着至关重要的角色。

乡村组织治理的核心在于构建有效的管理体系和决策机制。这不仅需要熟悉乡村实际、了解农民需求的管理人才，更需要具备现代治理知识和技能的专业人才。乡村治理的复杂性在于其既有传统的乡土特色，又需融入现代治理的理念和方法。因此，基层组织治理人才的培养，需要重视对传统乡村文化的理解与尊重，同时引入现代管理理念，如公共管理、社区发展、乡村治理等，以期实现传统与现代的有效结合。

高职教育在培养乡村组织治理人才方面具有独特的优势。高职院校通常更加贴近实际，教学内容和方式更加注重实践和应用。在培养乡村治理人才方面，高职院校可以设计与乡村治理相关的专业课程，如乡村发展规划、农业经济管理、农村公共事务处理等，通过理论与实践相结合的教学模式，培养学生的专业知识和实际操作能力。高职院校还可以通过实习实训、项目合作等方式，让学生直接参与到乡村治理的实际工作中，从而更好地理解乡村的实际需求和挑战，培养其解决实际问题的能力。

乡村振兴的另一大挑战是如何有效地引导和激发农民的参与意识。乡村组织治理不仅是"自上而下"的管理过程，更需要"自下而上"的民众参与。这就要求基层组织治理人才不仅要有管理能力，更要具备良好的沟通能力和服务意识。他们需要能够有效地宣传政策意图，调动农民的积极性，促进农民主体性的发挥。在这方面，高职教育可以通过课程设置和实践活动，强化学生的沟通技巧、公共关系处理能力，以及服务意识，使其成为既懂管理又善沟通的乡村治理人才。

乡村振兴还需要高素质的创新人才。在当前的社会经济环境下，乡村振兴不仅需要传统的农业技术和管理知识，更需要新技术、新业态的融入和创新。高职教育在这方面可以发挥其对新技术、新理念的敏感性和适应性，通过培养学生的创新思维和技术应用能力，促进乡村产业的升级和转型。

乡村组织治理对基层组织治理人才的需求是多方面的，不仅包括传统的管理知识和技能，还包括现代治理理念、沟通协调能力，以及创新能力。高职教育在这一过程中扮演着重要的角色，通过多元化的课程设置和实践教学，培养出既符合乡村实际需要又具有现代治理视角的高素质人才，为乡村振兴提供坚实的人才支撑。

第二节 高等职业教育服务乡村振兴的战略定位

一、高等职业教育的功能

（一）高职教育的政治功能

高职教育作为成人教育体系的重要组成部分，其政治功能在现代社会中发挥着不可忽视的作用。特别是在乡村振兴的背景下，高职教育的政治功能体现得尤为明显。作为一种专业化和实践性较强的教育形式，高职教育致力于培养学生的专业技能和综合素质，从而为国家和地方政府培育出高素质的政府工作人员和基层社会治理人才。这些人才不仅具备专业知识和技能，而且了解国家的政治制度和社会治理的基本原则，能够有效提高基层组织的社会治理能力和水平。在乡村振兴的过程中，高职教育通过培养能够深入基层、理解乡村实际需求的专业人才，有助于增强基层党组织的战斗力和堡垒作用，推动乡村社会的稳定与发展。

高职教育不仅局限于专业技能培训，还包括对学生进行国家核心价值观、法律规范和政治观念的教育。通过各类课程和活动，高职院校向学生传播社会主义核心价值观，培养学生的法制意识和社会责任感，使其成为认同国家主流价值观念的合格公民。在乡村振兴的背景下，高职教育通过培养学生的政治意识和社会责任感，为构建民主、自由、法制的社会环境作出贡献。高职教育还通过继续教育和社区教育等方式，提升公民的社会参与意识和能力，营造良好的社会治理氛围，推动社会的民主化进程。

（二）高职教育的经济功能

高职教育在劳动力再生产和人力资本增值方面起着关键作用。高职教育通过职业培训和技能提升，将潜在劳动力转化为现实的、技能熟练的劳动力，为社会经济发展提供了必要的"人力"。在知识经济时代，企业间的竞争越来越依赖于人力资本的质量，特别是在乡村振兴的背景下，高职教育通过培养具有专业技能的高素质劳动力，提高了劳动力的整体素质，增强了乡村地区的经济发展动力。

高职院校通常拥有丰富的行业和社会资源，能够有效整合政府、行业、企业、社会团体等多方资源，为企业转型升级、乡村产业振兴提供专业的咨询服务和资源对接。高职教育通过继续教育和技能培训，不仅提升了农民的职业竞争力，也为他们提供了更多的就业机会，从而增加了个人的经济收入，减少了结构性失业。在乡村振兴的过程中，这种功能尤为重要，因为它不仅提升了农民的职业技能，还增强了他们参与现代农业和乡村产业的能力，进而促进了乡村经济的多元化发展和乡村居民的收入增加。

（三）高职教育的文化功能

高职教育在文化层面的功能显著，其在传递、筛选、创新文化方面的作用，尤其在乡村振兴的背景下，更显重要。高职教育不仅是专业知识和技能的传授之地，也是文化价值观和社会规范的传播者，对于塑造和谐、进步的社会文化环境具有重要意义。

在文化传递方面，高职教育承担着将社会主流的价值观念、知识技能、政治法律等文化要素向成人学习者传播的重要任务。这种传递不仅是知识的简单转移，更是文化理念和社会规范的内化过程。高职教育通过各类课程和活动，使学生了解并接受社会主流文化，形成正面的价值观和行为准则。在乡村振兴的过程中，高职教育通过培训和教育，帮助农村地区的居民了解现代农业技术、乡村治理知识、市场经济规则等，促进了乡村文化的现代化进程。

在文化选择和创新方面，高职教育在筛选和传承社会主流文化的同时也注重文化的创新和发展。随着社会的不断进步和变迁，高职教育紧密联系实际，通过教育和科研活动，促进新思想、新观念的产生和传播，推动文化的更新与发展。高职教育鼓励学生创新思维和实践探索，不仅培养了学生的创造力和批判性思维，也为社会文化的多样性和丰富性作出了贡献。在乡村振兴中，高职教育通过创新性的教学和实践活动，激发农村地区的文化创新活力，促进了乡村文化的繁荣发展。

（四）高职教育的社会功能

高职教育在社会资本构建方面发挥着重要作用。通过公民教育和专业培训，高职教育不仅传授专业知识和技能，还强调普遍性规范和互惠原则的学习，培养学生的相互信任和依赖意识。这种教育方式有助于建立合作与互助的社会网络，为学生们提供可调动的社会资源。在乡村振兴的背景下，高职教育通过培养乡村地区的人才，不仅提高了他们的专业技能，也帮助他们构建起强大的社会资本，这对于推动乡村经济和社会的全面发展具有重要意义。

高职教育提供的教育和培训机会使得成人学习者能够提升自身的教育水平和职业技能，从而增加他们向社会流动的可能性。这对于农村劳动力转移和失业人员的再就业尤为重要。高职教育不仅能够帮助他们获得更多就业机会，还为他们提供了在社会结构中上升的可能性，从而促进了社会的合理流动。在乡村振兴过程中，高职教育的这一作用尤其显著，通过为农村地区提供多样化的教育和培训机会，不仅提升了农村居民的整体素质，也为他们提供了更多的社会流动机会，推动了社会的公平与进步。

（五）高职教育的生态功能

高职教育在培养生态意识和促进生态保护方面具有重要的生态功能，这在乡村振兴的背景下尤为重要。高职教育通过各类环保教育课程和活动，不仅向学生传授生态环保的知识和方法，还在提高他们的环保意识和鼓励环保行动方面发挥着关键作用。通过生态道德教育，学生不仅能学习到关于环境保护的知识，更形成了尊重和保护自然的意识。高职院校还通过实际的环保实践活动，如社区环保宣传、生态保护项目等，鼓励学生积极参与到环保行动中，运用他们的环保知识和技能。在乡村振兴的过程中，这种教育对于提高农村地区居民的环保意识，促进可持续发展的农业实践和生态环境的保护具有重要意义。通过这样的教育和实践，高职教育不仅促进了学生的个人发展，也为社会的生态文明建设作出了积极贡献。

二、高等职业教育服务乡村振兴的四大战略定位

高等职业教育是服务乡村振兴的重要力量，它从产业、文化、生态、组织四个方面对接乡村振兴的战略需求，培养了一批具备专业技能和综合素质的现代化人才，为乡村的经济发展、社会进步、生态保护和治理创新提供了人才支持和智力支持。高等职业教育不仅为乡村提供了物质财富，还为乡村注入了精神动力，为乡村振兴的全面实现奠定了坚实的基础。

（一）对接产业振兴，高职教育是培育现代化人才的核心平台

高等职业教育核心定位在于对接产业振兴，成为培育现代化人才的核心平台。在这一过程中，高职教育的关键作用不仅体现在直接提供所需的人才资源，还体现在通过教育引导社会观念的转变，推动产业结构的优化和升级。

乡村振兴战略核心在于通过农业供给侧结构性改革，促进现代农业的高质量发展，实现农业产业的兴旺，并通过推动农业产业链的延伸，实现乡村第一、第二、第三产业的融合发展。在这个过程中，人才是关键，教育作为生产财富的手段，成为促进乡村振兴的关键工具。在这一背景下，高等职业教育成为了培育现代化"三农"人才的主要平台。

高职教育在促进农业产业发展中发挥着重要作用，特别是在培育现代化新型职业农民方面。通过农产品种植、水产、畜牧养殖和农村电商等技能培训，高职教育旨在培养现代化的、具备综合素质的新型职业农民，这不仅包括爱农业、有文化、懂技术、善经营的素质，还包括对农业供给侧结构性改革的理解和适应，助力农业现代产业的发展。

高职教育在繁荣农村经济发展中也扮演着关键角色。通过"村校企政社"

等多方合作模式，高职教育致力于打造职业培训平台，精准培养符合农村经济发展需求的专业人才，即农技推广、农村职业经理人、农村供应链、农村电商、全域旅游等多个领域的紧缺型人才，为乡村从第一产业向第二、第三产业的延伸提供了坚实的人才支持。依托"农科教"结合项目，高职教育对接农村新经济、新业态对人才的新要求，整合中高端资源，开展乡村民宿经营管理、乡村体验游设计开发、农村网络运营等系列培训，助力民宿业主、新型农场主、农村网红电商等新型农业经营主体的培育与壮大。

（二）对接文化振兴，高职教育是传承发展乡风文明的主阵地

乡村文化振兴的核心在于传承优秀的文化，提升农民的文化素质，培育文明的乡风、良好的家风和淳朴的民风，从而提高乡村的社会文明程度。在这一过程中，高等职业教育担负着重要的文化使命，包括文化传递、文化选择和文化创新。高职教育机构通过深入研究本土优秀文化，开发相应的课程资源，并通过展示平台和各种文化活动，将这些文化价值观有效地传递给学生和社区成员。

高等职业教育在繁荣乡村社区教育方面也发挥着至关重要的作用。通过依托文化大礼堂、农民大课堂、农家书屋、村民学校、老年大学、党员学习室等载体，高职教育不仅向农村居民提供公民道德教育、青少年教育和科普宣传，还提供文体休闲教育和健康养生教育，从而全面提升农民的道德素质和文化修养。这些教育活动有助于增强农民的社会责任感和社区归属感，促进社区的和谐稳定。

高职教育在完善乡村文化供给方面也具有重要作用。通过整合多方文化资源，高职教育机构可以举办丰富多彩的文化活动，如乡村文艺演出、电影下乡、图书节和体验式游学等，不仅充实了农民的精神文化生活，还有助于引导农民远离不文明的生活方式，提高生活品质。

通过传承和发展乡村文化，高职教育不仅培养了一代又一代具备专业技能的新型人才，还促进了农村社会的文化进步和社会文明程度的提升。这种

综合性的教育功能，使高职教育成为乡村振兴中不可或缺的一部分，为乡村注入了新的生机与活力。

（三）对接生态振兴，高职教育是绿色育人与综合整治的助推器

生态振兴的核心在于构建一个生态宜居的环境，这一目标的实现依赖于生态和谐与安居乐业。在这一过程中，高等职业教育通过其特有的教育方式和内容，成为实现这一目标的重要助推器。

高等职业教育针对生态振兴的需求，可以发挥其在生态知识传播和技能培训方面的特长。这种教育方式不仅传授理论知识，更注重培养实践技能。在乡村地区，高职教育可以通过开设相关课程和组织实践活动，教授农民关于垃圾分类、污水处理、秸秆焚烧处理、科学使用化肥农药等环保知识，从而有效提升农民的环保意识和能力。高等职业教育在推进科技环保行动方面也具有不可替代的作用。通过与地方农业科技机构的合作，高职教育能够向农民传授先进的农业技术，如生态种植和循环水养殖等，帮助乡村农业从传统的粗放型生产方式转向更加环保、集约的模式。这不仅有助于解决农业生产带来的环境问题，同时也提升了农业的经济效益和可持续性。

通过针对性的课程设置和实践培训，高职教育能够培养一批掌握现代农业技术、理解生态保护重要性的专业人才。这些人才不仅能在本地区推动生态振兴的实践工作，还能成为推广先进环保理念和技术的先锋。通过教育，可以促进乡村居民对传统文化和生态环境的认识和尊重，促使他们在日常生活中实践可持续发展的理念。这不仅有助于保护和传承乡村独特的文化遗产，也是实现生态振兴的重要一环。

（四）对接组织振兴，高职教育是繁荣与发展治理水平的主渠道

人是事物发展的决定性因素，这一点在乡村振兴中体现得尤为明显。一个强大的组织结构是乡村振兴的基石，而高等职业教育正是实现这一目标的主要渠道之一。在乡村振兴的过程中，组织振兴涉及多个层面，包括基层党

组织、村委管理组织、群众自治组织、合作性经济组织等，这些都是乡村社区的基本构成部分。高等职业教育能够为这些组织提供必要的人才支持和智力支持，特别是在培育高素质的基层乡村治理人才方面发挥着重要作用。通过高等职业教育，可以培养出具备现代治理理念和技能的专业人才，这些人才将成为乡村振兴的重要力量。

高等职业教育通过培养基层党支部书记和村委会主任等关键角色，能够加强党的组织建设，提升乡村治理的效率和效果。这些培训项目不仅涉及政治理论和治理知识，还包括实践技能的培养，如冲突解决、公共管理等，从而确保基层组织的领导者能够有效地引领乡村振兴。通过整合政府、教育机构和社区资源，高职教育可以培养一批新型乡村治理人才，如返乡创业者、电子商务从业者、大学毕业生等，这些人才将成为乡村振兴的新力量。通过开展民主法治教育，高职教育能够提升农民的法治观念和自治能力，这对于建立健康的乡村治理体系至关重要。法治教育能够帮助乡村居民更好地理解和运用法律知识，参与社区治理，从而促进乡村的和谐稳定发展。

高等职业教育在培育群众型共同体和推动"三治合一"的治理体系建设方面也发挥着关键作用。通过开展丰富的社区教育活动，高职教育能够促进多元化的农民学习共同体的建设，引导这些共同体积极参与社区治理。这种社区治理模式的建立有助于形成德治、法治、自治并重的健全乡村治理体系。

第三节　高等职业教育服务乡村振兴的着力点

一、具体指导思想和内容

高等职业教育在服务乡村振兴过程中，深入贯彻党的二十大精神，以习近平新时代中国特色社会主义思想为指导，落实《中共中央国务院关于实施乡村振兴战略的意见》等文件的精神。这种教育方式着重于推进乡镇成人学校的内涵建设，通过这一途径，能够有效地发挥乡镇成人学校在多个关键领域的作用，包括农业人才的培养、助力农民脱贫致富、美丽乡村的建设、农村文化的繁荣、农村经济的提振，以及乡村社区治理方面。

在指导思想上，高等职业教育强调的是一种以人为本的教育理念，旨在通过教育来提升农民的整体素质和技能，从而促进乡村的全面发展。这种教育不仅关注对专业技能的培养，还向农民传授现代化知识，如法律知识、环保意识、市场经济的基本原理等，使其能够更好地适应现代社会的需求。在具体内容上，高等职业教育强调对乡村特有需求的响应，包括农业技术的革新、乡村产业的转型升级，以及乡村治理的现代化。通过设置与农业、农村发展紧密相关的课程和实训项目，高职教育能够为乡村振兴提供必要的技术和人才支持。这种教育方式还注重培养学生的创新能力和创业精神，鼓励他们参与到乡村经济的转型中，通过创新和创业来推动乡村经济的发展。

高等职业教育还注重乡村文化的传承和发展。通过教育，可以强化农民对本土文化的认识和尊重，促进乡村文化的保护和繁荣。这不仅有助于保持乡村独特的文化特色，也是提升乡村吸引力和综合竞争力的重要途径。

二、重点任务

乡村振兴培训是一项旨在提升乡村发展水平的综合性教育项目，它涵盖了农村人才支撑、农民致富、美丽乡村建设、农村文化繁荣、区域经济发展和社区治理等六大领域，共计十三个具体的培训项目如表3-1所示。这些培训项目根据不同的内容、目标、领域和适用人群进行分类和设计，旨在满足乡村居民在不同方面的需求和期望。通过这些培训项目，乡村居民将能够提升自身的知识、技能、素养和能力，从而更好地参与到乡村发展的各个环节中，共同推动乡村振兴战略的实施，实现乡村的全面发展和进步。

表 3-1　高等职业教育服务乡村振兴的重点任务

项目	内容	目标	领域	适用人群
新型职业农民培训	深化现代农业教育的内容和方法，包括农业技能、信息化、市场营销、品牌建设等，以及可持续农业实践	提升农民的生产技能和环保意识，促进农民融入现代农业经济体系，促进乡村经济多元化发展	农村人才支撑工程	从事或有意从事现代农业生产经营的农民
优秀农民人才培训	培养农民的综合素养和领导能力，包括农业项目策划、乡村金融知识、农村社会管理等，以及现代治理知识	培养能够综合运用各类资源，有效推动乡村发展的复合型人才，提升农民在社区发展中的参与度和影响力，为乡村振兴提供强大的人才支持	农村人才支撑工程	有一定农业生产经营经验，有意从事乡村发展的农民
农村创业扶助培训	构建一个全方位的支持体系，包括市场分析、创业规划、资金管理、电子商务、品牌建设、农业科技创新等，以及法律意识和风险管理	培育出能够适应当代市场需求，有效利用当地资源进行创新创业的农村企业家，带动整个乡村经济的可持续发展	农民致富工程	有创业意向或已经创业的农民
农村劳动力转移培训	拓宽农村劳动力的就业视野，提升其就业竞争力，提供包括工业制造、服务业等传统非农就业领域的技能培训，以及数字技能、绿色能源、环保技术等新兴行业的培训内容，以及就业指导和职业规划服务	减少对传统农业的依赖，促进农村劳动力向更多元、更高附加值的行业转移，实现收入增长和生活质量的提升，推动乡村经济结构的优化和升级	农民致富工程	有意向或已经转移就业的农村劳动力
全域旅游经济发展服务	构建一个综合的乡村旅游发展模式，包括乡村旅游产品的创新设计、生态旅游的开发、乡村故事的挖掘与传播、数字媒体在旅游推广中的应用等，以及旅游服务质量管理、客户关系管理等	促进乡村旅游业的高质量发展，使其成为促进乡村经济多元化和可持续发展的重要力量	美丽乡村建设工程	从事或有意从事乡村旅游业的农民
乡村环境保护治理宣传	提升乡村居民在环境保护方面的实际行动能力，包括生态保护知识和环境法规教育，废物分类、节能减排、生物多样性保护等方面的实践指导，以及环境保护项目的规划和执行	构建一个健康、可持续的乡村生态系统，为乡村振兴提供良好的环境基础	美丽乡村建设工程	所有乡村居民
农村思想道德建设	深化和具体化道德教育的内容，包括社会责任和公共利益的认识，以及法治教育、家庭伦理和社区和谐等	促进个人品德的提升，构建和谐稳定的乡村社会环境，为乡村振兴提供坚实的社会基础	农村文化繁荣工程	所有乡村居民

项目	内容	目标	领域	适用人群
农村优秀文化传承	加强对乡村文化遗产的保护和创新利用,包括对传统节庆、民俗艺术、手工艺等文化形式的保护,将这些文化遗产与现代生活相结合的创新途径,乡村文化故事的记录和传播,利用现代媒介传播乡村文化,以及在旅游和教育中对乡村文化加以利用	增强乡村居民对本土文化的自豪感和文化自信,促进乡村文化遗产的传承和发展,为乡村振兴增添文化底蕴和活力	农村文化繁荣工程	有意愿参与乡村文化保护和传承的农民
农村文化生活质量提升	丰富和提升乡村居民的精神文化生活,包括开展多样的文化活动,如乡村图书馆、电影放映、文艺表演、传统手工艺教学等,以及文化知识普及、传统艺术教育和现代艺术欣赏等	提升乡村居民的生活质量,增强他们的文化归属感和社区凝聚力,为乡村振兴提供强有力的文化支撑	农村文化繁荣工程	所有乡村居民
小微企业发展转型	涵盖市场趋势分析、经营模式创新、品牌建设、电子商务、供应链管理等内容,特别是在产品创新方面,将教授如何结合当地资源和市场需求,开发具有地方特色的新产品和服务,以及财务管理、风险评估、法律法规等企业运营的基础知识	提升小微企业的市场适应性和竞争力,帮助它们在日益激烈的市场竞争中脱颖而出,从而推动乡村经济的多元化和现代化进程	区域经济发展工程	从事或有意从事小微企业经营的农民
现代"农科教"项目协同创新	促进农业科技与教育之间更紧密的合作与交流,包括最新的农业科技成果如生物技术、智能农业、精准农业技术等的应用,以及农业科技项目管理、农业科技成果转化等	推动农业科技进步,培养能够在农业生产中运用先进科技的专业人才,提升农业的综合效益和竞争力,为乡村振兴提供强有力的科技支持	区域经济发展工程	从事或有意从事农业科技创新的农民
乡村社区教育治理体系构建	提升乡村社区治理的效率和效果,包括社区管理、冲突调解、公共服务等方面的知识和技能,以及社区领导者和居民的治理能力	加强乡村社区领导者和居民的治理能力,通过教育提升他们对于社区管理、冲突调解、公共服务等方面的知识和技能,为乡村振兴提供坚实的社会基础	社区治理工程	乡村社区领导者和居民
乡村老年教育振兴	提升乡村老年人的生活质量和社会参与度,包括健康知识、兴趣爱好培养、社会参与指导等	帮助老年人保持积极的生活态度,增强其社会参与感,为乡村振兴提供坚实的社会基础	社区治理工程	乡村中的老年人

第四章 高等职业教育服务乡村振兴的目标

第一节 高职教育服务乡村产业振兴的目标

一、促进乡村产业结构优化与升级

促进乡村产业结构优化与升级作为高职教育服务乡村"产业"振兴的关键目标，其重要性和实施路径在当代社会经济发展中显得尤为关键。高职教育作为连接知识与实践、理论与应用的桥梁，其在乡村产业结构优化与升级中扮演着不可或缺的角色。

（一）发展现代农业与生态农业

高职教育在此过程中的核心任务是培养具备专业技术能力的人才，并推广先进的农业技术，以此为乡村产业的发展提供动力和支撑。

在培养专业技术人才方面，高职院校需紧密结合现代农业发展的实际需求，设计和实施与现代农业密切相关的课程体系，包括但不限于农业科技、生态农业技术、农产品加工与营销等专业领域。通过这样的教育体系，学生能够系统地学习现代农业的科学方法和技术，如精准农业、智能农业管理、生物技术在农业中的应用等。掌握这些知识和技能的学生能够在毕业后直接投入到现代农业生产中，提高农业生产的效率和质量，从而为乡村产业结构的优化提供人才保障。

高职教育还需要在推广先进农业技术方面发挥作用。这一方面涉及将最新的农业科技成果转化为实际的生产技术，并通过高职院校与地方政府、企业的紧密合作，将这些技术推广到广大的乡村地区。例如，高职院校可以与企业合作，共同开发适合乡村实际情况的智能农业设备，或是与地方政府合作，推广生态循环农业等可持续发展模式。通过这些合作，高职教育不仅能够将理论知识转化为实际应用，还能促进乡村地区农业生产方式的现代化，进而推动整个乡村产业结构的优化升级。

在实现这一目标的过程中，高职教育还需要关注乡村地区的实际情况，这意味着教育内容和方式不仅要适应现代农业的要求，还要考虑乡村地区的具体情况，如地理环境、文化背景、经济发展水平等。高职教育应当根据这些实际情况，调整教育策略和内容，确保所培养的人才能够适应乡村地区的实际需求，从而更有效地推动乡村产业结构的优化和升级。

（二）促进乡村旅游与文化产业发展

高职教育在此领域扮演着至关重要的角色，通过培养专业人才和推广创新理念，为乡村旅游和文化产业的发展提供强有力的支撑。这一过程涉及对旅游管理、文化产业管理等相关专业人才的培养，以及对乡村旅游与文化产业发展先进理念和实践经验的推广。

在专业人才培养方面，高职教育机构需构建与乡村旅游和文化产业紧密相关的课程体系，包括但不限于旅游管理、文化产业管理、乡村文化遗产保护、乡村旅游规划等专业。通过学习这些课程，学生不仅能够获得关于乡村旅游和文化产业的基础理论知识，更能掌握市场营销、服务管理、文化活动策划等实际技能。学生需要深入理解并尊重乡村文化，这对于乡村旅游和文化产业的可持续发展至关重要。通过对乡村文化特色的深入研究和实地考察，学生能够更好地理解和传承乡村文化，为乡村文化的传播和旅游吸引力的提高作出贡献。

通过组织学生参与乡村旅游规划设计、文化活动策划等实际项目，使学生在实际操作中锻炼和提升自己的能力。这种实践经验的积累对于学生未来在乡村旅游和文化产业领域的职业发展极为有益。这也有助于将理论知识与实际应用相结合，促进乡村旅游和文化产业的创新发展。

高职教育在推广乡村旅游与文化产业发展的先进理念和实践经验方面，也扮演着重要角色。这不仅包括向学生传授先进的管理理念和营销策略，还包括将国内外乡村旅游和文化产业的成功案例引入教学中。通过对这些案例的学习和分析，学生能够了解到乡村旅游和文化产业发展的多种可能性和创新思路。高职院校还可以与地方政府、企业及社区合作，共同探索适合本地区特色的乡村旅游和文化产业发展模式，为乡村产业结构的优化提供更多元和实用的思路。

（三）传统产业的现代化改造

传统产业的现代化改造在乡村产业结构优化升级的进程中扮演着核心角色。高职教育通过对人才进行专业技术培训、科技创新推广，以及技术改进的方式，为传统产业注入新的生命力，从而促进乡村经济的全面振兴。

高职教育在传统产业现代化改造中的一个重要方面是提供专业技术培训。这种培训旨在提升从业人员的技术水平和创新能力，使其能够应对现代化生产的需求，包括对现代生产技术、管理方法的教学，以及对新兴市场趋势的适应性训练。例如，在农产品加工领域，高职教育可以教授先进的食品安全标准、加工技术，以及产品质量控制方法；在手工艺品制造领域，则可以注重现代设计理念与传统工艺的结合，教授新型材料的使用及市场营销策略。

高职教育对于促进科技创新和技术改进的作用较为显著，体现在通过课程和项目，鼓励学生和教师参与到科技研发中，为传统产业带来创新的解决方案。例如，通过与企业的合作，开展针对特定产业的研发项目，高职院校可以直接促进新技术在传统产业中的应用。这样的合作不仅为学生提供了实际操作的机会，更为传统产业提供了与现代科技接轨的途径。

高职教育在推动传统产业融入现代设计元素和市场营销策略方面，通过教授现代设计理念和市场营销技巧，帮助学生理解如何使传统产品才能更加符合现代消费者的审美和需求。这不仅提升了产品的市场竞争力，也为传统产业开辟了更广阔的市场空间。

二、增强乡村产业的创新能力与技术水平

在当代经济社会背景下，高职教育在服务乡村产业振兴的过程中承担了重要的角色，尤其是在增强乡村产业的创新能力与技术水平方面。该目标的实现对于推动乡村经济的持续发展和竞争力提升具有重要意义。

（一）支持农业科技创新

高职教育在主要任务是培养能够适应并推动农业科技创新的专业人才，将现代技术有效地融入农业生产和管理中，以实现传统农业向现代高效农业的转型。农业科技创新的核心在于将现代生物技术、信息技术、生态技术等创新科技应用于农业的各个环节。例如，生物技术在改良作物品种、增强病虫害防治能力方面的应用，信息技术在精准农业中的运用，以及生态技术在可持续农业发展中的应用等。这些技术的引入和应用不仅提高了农业生产的效率和效果，还有助于提高农产品的质量和安全性。

高职教育机构在推动农业科技创新方面扮演着关键角色。这一过程涉及专业课程的设计和实施，旨在培养掌握现代农业科技的知识和技能的学生。除了理论知识的学习，更重要的是实践技能的培养，通过实验室实践、田间实习等方式，使学生能够直接接触和应用这些新技术。高职教育还需注重

培养学生的创新思维和问题解决能力，以适应不断变化的农业技术和市场需求。

农业科技创新还涉及对气候变化适应性策略的研究和农业可持续发展的探索。高职教育应当教授学生如何通过科技创新来应对气候变化对农业的影响，如引入抗旱、耐盐碱等特性的作物品种，以及推广循环农业、生态农业等可持续发展模式。这些内容不仅对提高农业生产的可持续性至关重要，也是应对全球环境挑战的关键。

（二）提升农产品加工技术

农产品加工技术的提升成为增强乡村产业创新能力与技术水平的重要目标。高职教育旨在培养具备现代加工技术知识和技能的专业技术人才，同时也强调创新思维的培养，以推动农产品加工领域的技术革新和产品创新。

农产品加工技术的提升主要涉及将现代化的加工技术、设备及管理方法应用于农产品的加工过程。这不仅包括传统的加工方法的改良，也涵盖了引入智能化、自动化技术，以提高加工效率、确保产品质量并增强产品的市场竞争力。例如，利用信息技术优化加工流程，通过生物技术改善产品的品质和安全性，或者采用新材料和新技术提升产品的附加值和市场吸引力。这些技术的应用和创新对于提升农产品加工行业的整体水平具有决定性意义。

通过设置与农产品加工技术相关的课程，如食品科学、生物工程、自动化控制等，高职院校可以为学生提供必要的理论知识和实践技能。高职教育还需重视创新思维的培养，鼓励学生进行新技术、新工艺的探索和应用。这不仅包括在课堂教学中引入创新理念，也包括通过实验室研究、项目合作等方式，让学生亲身参与到农产品加工技术的研发和创新中。

高职教育在农产品加工技术提升中还需关注与市场需求的对接。这意味着教育内容不仅要紧跟技术发展的最新趋势，也要密切关注市场需求的变化，以确保培养出的人才能够适应市场的实际需要。例如，通过案例分析、市场调研等方式，让学生理解市场需求的动态变化，从而指导他们在技术创新和产品开发中做出更为精准的判断和选择。

（三）探索新型农业经营模式

探索新型农业经营模式在提升乡村产业的创新能力与技术水平方面占据了举足轻重的地位。在实现这个目标的过程中，高职教育主要任务是培养能够适应并推动新型经营模式的人才。新型经营模式，如家庭农场、合作社、农业企业化经营等，不仅代表了农业生产经营方式的多样化，也体现了乡村产业创新的方向。

高职教育在培养适应新型经营模式的人才方面，需要注重对学生的综合能力培养。培养学生在农业供应链管理、电子商务、农产品品牌建设等方面的专业知识和技能。例如，在供应链管理方面，学生需学习如何有效地管理农产品从生产到市场的全过程，以确保产品质量和效率；在电子商务方面，需要掌握如何利用网络平台扩大市场，以提高产品销售效率；在农产品品牌建设方面，需要学习如何建立和维护品牌形象，以提升产品的市场竞争力。

探索新型农业经营模式也意味着对农村社会和经济结构的深刻变革。通过促进农业与旅游、文化、教育等其他产业的融合，创造多元化的收入来源，从而提升乡村经济的活力和竞争力。例如，通过发展农业旅游，可以吸引更多游客到乡村，增加农民的收入；将农业与文化、教育结合，则可以提高农业的附加值，增强农业的文化价值和教育意义。在这个过程中，高职教育需要密切关注市场需求和社会发展趋势，不断调整教育内容和方式，以适应新型经营模式的需要，这不仅包括在课堂上提供相关的理论知识，更包括通过实践活动、项目合作等方式，使学生能够亲身体验和实践新型经营模式，从而培养出既具有专业知识又具有实践能力的人才。

三、培育乡村产业发展所需的专业人才

培育乡村产业发展所需的专业人才是高职教育服务于乡村"产业"振兴

的重要目标之一。在实现这一目标的过程中，高职教育需聚焦于三个关键领域：农业生产人才的培养、农产品加工人才的培养，以及乡村旅游人才的培养。

（一）农业生产人才的培养

农业生产人才的培养旨在适应现代农业发展的需求，致力于培育具备综合技术知识和实际操作能力的专业人员，他们在作物种植、畜牧养殖、农业机械操作等多个环节发挥着不可或缺的作用。在实现这一目标的过程中，高职教育机构需要构建一个包含农学、植物保护、动物科学等多个相关领域的综合性课程体系，同时将理论教学与实践技能培养紧密结合。

在具体实施过程中，高职教育机构需重视现代农业技术，如精准农业和智能化农业管理。这些现代技术的引入不仅提高了农业生产的效率和质量，而且增强了农业的可持续性和环境友好性。例如，精准农业侧重于使用高科技手段来精确控制农业生产的每一个环节，从而最大化产量并减少资源浪费；智能化农业管理则利用信息技术优化农业生产过程，提高农业生产的自动化和智能化水平。实践技能的培养是高职教育中不可忽视的重要组成部分，不仅包括传统的农业生产技能，如作物种植技术、土壤管理、病虫害防治等，还涵盖了对农业机械操作和维护的技能培训。通过实际操作和实习，学生能够将理论知识转化为实践技能，从而更好地适应现代化农业的发展。

高职教育在农业生产人才培养中还需要关注学生的创新能力和综合素养的提升。创新能力的培养有助于学生在面对农业生产中的各种挑战时，能够提出新的解决方案和方法。综合素养的提升则有助于学生更好地理解农业在社会经济发展中的作用，以及农业与环境保护、乡村社会发展之间的关系。

（二）农产品加工人才的培养

在高职教育服务乡村产业振兴的宏观目标中，农产品加工人才的培养不仅关乎农产品的附加值提升和市场竞争力增强，而且是连接传统农业与现代市场需求的关键桥梁。农产品加工人才需要掌握的不仅是农产品加工的基础技术和方法，更包括食品加工、质量控制、新产品开发等领域的先进知识和实践技能。这要求高职教育不仅提供食品科学、生物工程、包装技术等领域的专业课程，还需要注重实践技能的培养和创新能力的激发。

在培养过程中，理论教学与实践操作的结合至关重要。理论教学为学生提供了农产品加工的基本知识框架，包括食品化学、微生物学、加工技术等，为他们深入理解食品加工的科学原理打下基础。而实践操作，则使学生能够将理论知识应用于实际工作中，如在实验室或实习基地中进行食品加工实践，学习现代加工设备的操作，参与新产品的开发等。这种理论与实践的结合，不仅提高了学生的职业技能，也增强了他们解决实际问题的能力。

创新能力的培养也是农产品加工人才教育中不可忽视的一环。创新能力不仅指技术创新，也包括对产品开发、市场营销、品牌建设等方面的创新思维。在全球化的市场环境中，学生需要了解国际食品安全标准、市场需求趋势，以及跨文化沟通技巧，这些知识有助于他们在国内外市场中有效竞争。

高职教育在培养农产品加工人才的过程中，还需要密切关注行业发展趋势和市场需求变化。这要求高职院校与企业、研究机构等进行合作，了解最新的行业动态和技术发展，以便及时调整教学内容和方法，使教育更加贴合实际需求。还应鼓励学生参与科研项目、技术竞赛等活动，以提升他们的实践经验和创新能力。

（三）乡村旅游人才的培养

乡村旅游人才需具备旅游规划、服务管理、市场营销等多方面的专业知识和技能，以便在乡村旅游的策划、推广和管理中发挥核心作用。为实现这一目标，高职教育机构需提供旅游管理、文化遗产保护、生态旅游等相关专业课程，并且强调理论与实际操作能力的紧密结合，以及创新思维的培养。

乡村旅游人才的培养重点在于理解和尊重乡村文化，同时具备将乡村的自然资源和文化遗产转化为吸引游客的旅游产品和服务的能力。这不仅要求学生掌握旅游规划和管理的基本原理，还要求他们能够根据乡村的特定条件设计符合实际的旅游发展策略。例如，学生需要了解如何保护和利用乡村的自然风景和文化遗产，如何开发适合乡村特色的旅游活动，以及如何通过有效的市场营销策略吸引和满足游客的需求。

在快速变化的旅游市场中，创新不仅体现在新产品的开发上，还体现在服务方式、营销策略等多方面。高职教育应鼓励学生探索新的旅游形式和管理模式，如结合数字技术的乡村旅游体验、可持续发展旅游模式等。通过这样的培养，学生能够在实际工作中灵活应对各种挑战，不断创新和改进乡村旅游的发展模式。

四、推动乡村产业的市场化与品牌化

（一）农产品品牌建设

品牌化的核心在于创建一个既能代表产品特性又能与消费者产生共鸣的品牌形象，通过这种形象来提升产品的市场知名度和消费者的信任度。这一过程涉及品牌定位、品牌形象设计、品牌传播策略等多个层面，要求高职教育在培养相关人才时不仅注重技术技能的传授，更要注重市场营销、品牌管理等方面的知识和实践能力的培养。

在品牌建设的过程中，高职教育应当教授学生如何根据乡村的特色和优势来定位品牌，包括分析乡村特有的农产品特性、文化背景和市场需求，确立独特而明确的品牌定位。随后，在品牌形象设计阶段，重点是创造一个既能体现产品特性又能吸引目标消费群体的视觉和语言形象，这不仅包括标志、色彩、包装设计，还包括品牌故事的构建，这些元素共同构成了品牌的整体形象。

品牌传播策略的制定和执行也是农产品品牌建设的关键组成部分，这要求学生学习如何运用各种传播渠道和工具，如传统媒体、社交媒体、活动营销等，有效地传播品牌信息，扩大品牌影响力。品牌故事的创造和传播对于建立消费者的情感认同同样重要，它可以通过讲述产品的来源、制作过程、背后的文化故事等方式，增强消费者对产品的兴趣和信任。

（二）市场营销能力提升

市场营销能力的提升直接关系到乡村产业产品能否有效地进入市场并获得竞争优势。随着市场竞争的加剧和消费者需求的多样化，单纯依赖产品的质量已经无法完全保证市场成功。因此，发展强大的市场营销能力成为提升乡村产业市场覆盖率和销售额的关键。这一过程涉及深入的市场调研、策略性的营销规划、有效的促销活动策划、数字营销等多个方面。

在市场调研方面，高职教育应教授学生如何进行市场趋势分析、消费者行为研究以及竞争环境评估。这些知识帮助学生理解市场需求，预测市场变化，从而能够制定出更符合市场需要的营销策略。接下来，在营销策略制定阶段，重点是教授学生如何根据市场调研结果制订有效的营销计划，包括产品定位、定价策略、推广方式等。

促销活动的策划也是提升市场营销能力的重要环节。学生需要学习如何设计和执行吸引人的促销活动，以增强产品的市场吸引力和消费者的购买意愿。数字营销在当前市场环境下显得尤为重要，高职教育应当强调教授学生如何有效利用社交媒体、电子商务平台等数字工具来推广产品，扩大市场影响力。

在推动乡村产业的市场化与品牌化过程中，不仅要注重对人才技术和策略的培养，更要注重对其市场敏感度和创新能力的培育。高职教育在这一领域的教育内容和方法应当旨在培养学生的市场洞察力、策略思维和创新能力，使他们能够在日益复杂和竞争激烈的市场环境中，有效地推广乡村产业产品，从而促进乡村经济的持续发展和繁荣。

（三）乡村产业链的整合和优化

乡村产业链的整合和优化旨在通过提高产业链的运作效率和产品价值，实现乡村产业的市场化和品牌化。高职教育的职责不仅在于传授相关的技术和管理知识，还在于培养学生的综合思维能力，以便他们能够理解和应对乡村产业链整合和优化中的各种挑战。

乡村产业链的整合涉及农业生产、加工、销售等多个环节。在这个过程中，重点是通过有效的管理和技术创新来提高每个环节的效率和协同作用。例如，通过引入现代化的农业技术提升农产品的生产效率，利用先进的加工技术增加农产品的附加值，同时通过有效的物流和销售策略确保产品能够顺利进入市场。在这些环节中，高职教育应当教授学生如何运用现代管理理念和技术手段来优化产业链。

乡村产业链的整合还包括与其他行业的合作，例如，与旅游业、文化产业的融合，这种跨行业的合作不仅能够创造新的收益来源，还能够增加乡村产业的多样性和吸引力。例如，将农业生产与农旅结合，不仅能吸引游客，还能为农产品开辟新的销售渠道。在这个过程中，高职教育需要教授学生如何识别和利用这些跨行业合作的机会，以及如何有效地整合不同行业的资源和优势。

乡村产业链的整合和优化还要求对市场趋势和消费者需求有深入的理解。这意味着高职教育不仅要教授学生技术和管理的知识，还要培养他们的市场洞察力和创新能力。通过这样的教育，学生能够更好地理解市场动态，预测和应对市场变化，从而在推动乡村产业的市场化与品牌化过程中发挥关键作用。

五、促进乡村经济的多元化发展

促进乡村经济的多元化发展是高职教育服务乡村"产业"振兴的一个重要目标。这一目标的实现旨在降低乡村经济对单一农业的依赖，同时探索与其他行业的融合发展，从而增强乡村经济的抗风险能力和实现经济的稳定增长。

（一）农业与旅游业的融合发展

这种融合的核心在于有效结合乡村的自然资源和文化遗产，打造独特的农业旅游体验，从而吸引游客，增加当地经济的活力。在这个过程中，高职教育的作用显得尤为关键，它不仅要培养学生的专业技能，更要提升他们对农旅融合模式的理解和创新能力。

农旅融合的实践涉及多个层面，包括但不限于乡村自然风光的展示、农业活动的体验、农产品的直销，以及乡村民宿和文化体验活动的开展。这不仅丰富了游客的旅游体验，也增强了乡村地区的经济收入来源。为了实现这一融合，高职教育需要在课程设计上注重旅游管理、农业知识、文化保护、市场营销等领域的教学，确保学生能够全面理解农旅融合的各个方面，并具备相应的实践能力。

在农旅融合模式下，高职教育还需要强调创新思维的培养。面对不断变化的市场需求和旅游趋势，创新成为提升农旅融合吸引力的关键。这要求学生不仅了解传统的农业和旅游业务，还需要具备创新思维，能够设计新型的旅游产品和服务，如将农业体验与生态旅游、文化探索等元素结合起来，创造出独特的旅游产品。

高职教育在推动农旅融合过程中还应注重实践经验的培养。这可以通过与当地农场、旅游企业的合作实习、项目式学习等方式实现。通过这些实践活动，学生能够直接参与到农旅融合项目的策划和实施中，增强理论知识与实践技能的结合，提升对农旅融合模式的真实理解。

（二）农业与文化产业的融合

农业与文化产业的融合为乡村经济多元化发展提供了新的视角和动力。这种融合过程不仅强调对乡村文化资源的挖掘和利用，还注重将农业生产与文化创意相结合，以此创造出独特且有吸引力的文化产品和服务。高职教育在促进这一融合过程中起到了至关重要的作用，它需要培养学生在农业知识、文化创意、市场营销等方面的综合能力，以促进乡村经济的多样化和可持续发展。

在农业与文化产业融合的过程中，乡村手工艺、农业文化节庆活动、乡村艺术展览等成为重要的载体。这些活动和产品不仅为乡村提供了增加经济收入的途径，更重要的是，它们促进了乡村文化的保护和传承，增强了乡村的文化认同和魅力。高职教育在这一过程中应当重视对学生的多元文化教育，包括传统文化、民俗艺术、农业历史等，同时还需加强创意设计和市场营销等方面的培养，以确保学生能够有效地将文化资源转化为具有市场价值的产品和服务。

高职教育在推动农业与文化产业融合的过程中还应注重实践教学和项目合作。通过与地方农场、手工艺社区、文化组织的合作，学生可以直接参与到文化产品的开发和文化活动的策划中，从而获得宝贵的实践经验。这种经验不仅有助于学生更好地理解乡村文化的价值，还能增强他们将理论知识应用于实践的能力。

（三）农业与教育的结合

高职教育可以通过开展农业科普教育、农业实践活动、乡村研学旅行等多种形式，不仅丰富了乡村的教育资源，还为乡村地区创造了新的经济增长点。在农业科普教育方面，高职教育机构可以设计和实施一系列课程和活动，旨在教授学生和市民农业的基本知识和现代农业技术。这些课程和活动不仅增加了公众对农业重要性的认识，也激发了对农业相关职业的兴趣。例如，可以通过参观农场、实践操作和农业技术演示等方式，使学生和市民直接接触到农业生产的各个环节，增强他们的实践经验和对农业的理解。

农业实践活动和乡村研学旅行则为学生提供了在真实农业环境中学习和应用所学知识的机会。通过这些活动，学生不仅能够将课堂上学到的理论知识应用于实际农业生产中，还能更好地理解乡村生活方式和农业生产的社会、经济意义；这些活动也为乡村地区带来了额外的经济收入，促进了当地旅游和教育产业的发展。

农业与教育的结合还有助于推广和传承乡村文化。通过在教育活动中融入乡村的历史、文化和艺术元素，不仅可以增加活动的吸引力，还能加深学生和市民对乡村文化的理解和尊重，进而促进乡村文化的保护和传承。

第二节　高职教育服务乡村文化振兴的目标

一、增进乡村文化自我认同感和归属感

（一）促进对乡村传统文化的理解与尊重

深入理解和尊重乡村传统文化对于增强乡村居民的文化自我认同感和归属感具有重要意义。这一过程要求高职教育不仅在课堂教学中传授相关知识，而且需要通过更加广泛的教育活动，如研讨会、工作坊等，深化学生对乡村文化的认识。教育内容涵盖乡村的历史、传统习俗、艺术和手工艺，这不仅丰富了学生对本土文化的了解，还强化了他们对乡村文化价值的认识和尊重。

高职教育在增进乡村文化自我认同感和归属感方面的工作需要结合理论教学与实践活动。理论教学深化学生对乡村文化的历史背景和文化特点的理解，而实践活动，如参与传统节庆、乡村工艺体验等，使学生能够亲身体验和实践这些文化，进而增强对本土文化的认同感。这种结合理论与实践的教育方式，更有利于学生形成对乡村文化的深刻理解和情感联系。

通过这些活动，学生不仅能够了解乡村文化的传统和现代价值，还能够积极参与到文化传承中，从而增强对乡村文化的认同感和归属感。这种参与不仅是对乡村文化传承的贡献，也是培养学生社会责任感和自豪感的重要途径。

（二）强化乡村文化的地位和影响力

乡村文化的振兴不应仅停留在乡村社区内部，而应向更广泛的社会和文化领域扩展。这一过程中，高职教育机构扮演着重要角色，通过一系列举措将乡村文化的独特性展现给更多人，并提升其在外部世界的认知度和影响力。

高职教育可以通过组织各类文化交流活动、展览和节庆来展示乡村文化的丰富性和独特性，这些活动不仅是展示乡村文化的平台，也是促进文化交流和理解的机会。通过这些活动，外界可以更直观地了解和欣赏乡村的文化特色，这些活动也为乡村居民提供了表达自己文化的机会，增强了他们对本土文化的自豪感和归属感。

在数字时代，社交媒体、视频制作等工具成为了有效传播文化的手段。通过这些平台，乡村文化可以以更现代和创新的形式被展现出来，吸引更广泛的受众群体。这不仅提高了乡村文化的外部影响力，也为乡村居民提供了与外界交流和展示自己文化的新途径。

高职教育在强化乡村文化地位和影响力的过程中，还应注重培养学生的文化传播和管理能力，包括教授学生如何有效地组织文化活动、利用数字媒体传播文化，以及如何在文化交流中保持敏感性和尊重多元文化。这样的培养不仅有助于学生个人技能的提升，也对乡村文化的整体推广和振兴产生积极影响。

（三）通过教育和文化活动增强社区凝聚力和文化自信

高职教育机构可以通过开展社区艺术项目、文化遗产保护项目、乡村研学旅行等活动，为学生和社区居民提供亲身体验乡村文化的机会。这些活动不仅使参与者能够直接参与到文化的传承和发展中，还能够增强他们对本土文化的理解和尊重。例如，社区艺术项目可以鼓励居民参与乡村的艺术创作，展示乡村的独特风貌；文化遗产保护项目可以让居民参与到本地文化遗产的保护工作中，增强对乡村文化价值的认识；乡村研学旅行为学生和居民提供了深入了解乡村生活和文化的机会。

通过开展这些文化活动，社区成员可以在共同的文化体验中增强彼此之间的联系，共同庆祝和体验他们的文化遗产。这种共同体验不仅有助于传承和发展乡村文化，还能激发社区成员对本土文化的自豪感和自信心。随着社区成员对乡村文化的共同认同和自豪感的增强，社区的团结和凝聚力自然而然地得到提升。

二、合理保存和传承乡村文化遗产

（一）系统搜集与研究乡村文化遗产

高职院校可以通过组建专业的研究团队来进行乡村文化遗产的调查和研究。这个过程中，不仅包括对乡村历史、民俗、艺术和语言等文化遗产的系统搜集，还涉及对这些文化遗产的深入理解和分析。例如，通过文献的收集和整理可以了解乡村的历史背景，通过口述历史的记录可以保存那些可能随着时间流逝而消失的珍贵记忆，通过对民俗活动的实地考察可以深入理解乡村文化的内涵和特色。这些研究活动不仅为保存乡村文化遗产提供了实证基础，也为其未来的研究和传承奠定了坚实的基础。

高职教育还需要将乡村文化遗产的研究成果转化为教育资源。这意味着将乡村文化遗产的研究成果融入课程设计和教学内容中，让学生能够直接接触和学习这些文化遗产。通过这样的方式，学生不仅能够从课堂上获得对乡村文化遗产的基本知识，还能通过实地考察、文化体验等形式深入理解乡村文化的独特价值和意义。这种教育方式有助于培养学生对乡村文化遗产的兴趣和尊重，同时也为他们日后参与文化遗产的保护和传承打下基础。

（二）教育和培训促进文化遗产的传承

通过精心设计的教育和培训项目，高职院校能够为学生提供实践机会，使他们能够亲身参与到文化遗产的保护和传播中。这种教育不仅是对乡村文化遗产知识的传授，更是对学生责任感和使命感的培养，为乡村文化遗产的长期保存和传承提供了坚实基础。

课程设置上，高职教育需要涵盖传统工艺技能、民俗活动组织、乡村历史、艺术等方面，这些课程应当结合理论与实践，不仅让学生了解乡村文化的历史背景和技术细节，更要引导他们理解这些文化遗产背后的深层价值。例如，学习某一地区的传统工艺时，学生不仅学习技术层面的制作方法，还应了解该工艺的历史背景、文化意义及其在当代社会的应用。

实习和研学旅行等实践活动为学生提供了将课堂所学知识应用于现实的机会。通过参与实地考察、文化遗产项目，甚至与当地工匠的合作，学生能够获得宝贵的实践经验，这不仅有助于他们更好地理解和掌握传统技能，也能激发他们对文化遗产保护工作的热情。在这些活动中，学生不仅是知识的学习者，更是文化传承的参与者和推动者。

（三）利用现代技术和媒介传播乡村文化遗产

高职教育机构通过引入和应用数字化技术，如虚拟现实、数字影像等，能够创造性地再现乡村文化遗产，使之以更生动、直观的形式呈现给公众。这种方式对于吸引年轻一代，尤其是数字时代的年轻人，了解并对乡村文化遗产产生兴趣至关重要。通过数字化手段，传统的乡村文化遗产可以被转化为更易于接触和理解的形式。例如，利用虚拟现实技术可以让观众身临其境地体验传统节庆或民俗活动，数字影像则可以用来记录和展示传统手工艺的制作过程。这些技术不仅能够保留文化遗产的原始魅力，还能够增加文化遗产的互动性和趣味性，从而更有效地吸引公众的注意力。

社交媒体和网络平台作为当代最主要的传播渠道，为乡村文化遗产的推广提供了广阔的空间。高职教育机构可以通过这些平台发布关于乡村文化遗产的信息，包括文化故事、历史背景、相关活动等。通过这样的方式，乡村文化遗产能够触及更广泛的受众，尤其是那些平时难以接触到传统文化的人群。通过网络平台的互动和分享功能，乡村文化遗产还能够引发公众的参与和讨论，从而增强其在当代社会中的影响力和认知度。

三、提升乡村文化素养和审美能力

（一）培养对艺术和文化的深入理解

乡村文化素养的提升始于对本土文化历史、艺术形式、民俗传统的深入学习和认识。高职教育通过课程教学、研讨会议和文化交流活动，向乡村居民提供关于本土文化的丰富知识，帮助他们从历史和文化的角度全面理解自己的文化背景。这种教育方式不仅加深了乡村居民对文化的认知，还激发了他们对本土文化的自豪感和归属感。

高职教育还注重通过实践活动，如组织艺术工作坊、文化节庆活动、展览等，激发乡村居民的审美感知和创造力，使乡村居民能够直接参与到艺术创作和文化体验中。这些实践活动不仅提供了学习和欣赏艺术的机会，也促进了乡村居民对美的感知能力和创造力的发展。

高职教育在提升乡村文化素养和审美能力的过程中，还关注于将乡村文化与现代生活方式相结合。通过将传统文化融入现代教育课程和活动中，高职教育使乡村文化更贴近现代生活，更易被年轻一代接受和欣赏。这种融合不仅促进了乡村文化的传承，也为乡村文化的创新和发展提供了可能。

（二）激发审美感知和创造力

激发乡村居民的审美感知和创造力不仅涉及对现有艺术和文化形式的理解和欣赏，更关键的是通过各种艺术实践活动培养居民的艺术技能和创新能力，从而深化他们对美的感受和表达。高职教育机构可以通过开展绘画、音乐、戏剧、手工艺等艺术实践活动，为乡村居民提供直接参与艺术创作的机会。

通过这些艺术实践活动，乡村居民不仅能够学习到相关的艺术技巧，还能够在创作过程中发掘自己的创造潜力。这种参与和实践是有效的提升审美能力的方式，因为它使居民能够亲身体验艺术创作的过程，理解艺术的内在逻辑和美学原则。这也是一个自我表达的过程，居民在创作中表达自己的情感和观点，从而更深入地理解和欣赏艺术和文化。这种艺术实践活动还能够促进乡村社区内部的文化交流和社会互动，当居民共同参与艺术创作和文化活动时，他们之间的交流和合作将增强社区的团结和凝聚力。这不仅有助于提升个体的艺术技能和审美能力，也有助于构建一个充满活力和创造力的文化社区环境。

四、促进乡村文化的现代化和创新

（一）结合现代元素和技术手段创新传统文化

在当前的高等职业教育环境中，推动传统文化与现代科技的结合已成为一项重要的使命。这种融合不仅限于将传统文化元素以数字化形式呈现，还包括将现代设计理念和技术应用于传统文化的保护和发展中。例如，高职院校可以通过与科技企业合作，使用 3D 打印、智能设计软件等工具，创新传统工艺品的制作方法。通过社交媒体和网络平台的运用，可以更有效地推广乡村文化，吸引年轻一代的关注和参与。

在教育机构的推动下，传统文化艺术可以以新颖的形式呈现，如通过数字艺术展览、在线互动教学等方式，使传统文化在全球范围内获得更广泛的认可和传播。这种创新还有助于提高传统文化的商业价值，为乡村艺术家和手工艺人开辟新的收入来源，从而有效促进乡村经济的发展。总之，高职教育机构在传统文化创新和传承方面扮演着至关重要的角色，通过将现代元素和技术融入传统文化，不仅保留了文化的本质，还使其焕发出新的光彩。

（二）创造新的文化形式和表现方法

通过开展各类跨学科项目，如将科技、设计和艺术结合起来，高职院校能够创造独特的文化交流平台。例如，可以举办融合传统民间故事和现代数字媒体的互动艺术展，或是开展以乡村文化为主题的电影制作和摄影工作坊。这些活动不仅提供了一个展示乡村文化魅力的舞台，而且鼓励学生和社区成员积极参与其中，发挥他们的创造力。

高职院校可以利用其教育资源，如课程设计和学术研究，来深入探讨乡村文化的现代转化。通过这种方式，学生不仅能够学习到关于乡村文化的知识，还能了解如何将这些文化遗产以创新和可持续的方式传承下去。总之，高职教育机构在创造新的文化形式和表现方法方面具有巨大潜力，能够为乡村文化的发展开辟新的视角，注入新的动力。

（三）使乡村文化适应现代社会的需求

教育机构在帮助乡村文化适应现代社会的过程中发挥着至关重要的作用。可以举办专门的研讨会和工作坊，教授乡村居民如何将传统技艺和文化元素融入到现代产品设计和商业模式中。例如，通过结合传统编织技术和现代时尚设计，可以创造出既具有民族特色又符合现代审美的服装和家居用品。教育机构还可以通过合作项目，将乡村文化与数字营销相结合，帮助乡村艺术家和手工艺人拓展在线市场，从而取得更广泛的受众。

在推动乡村文化与现代社会需求的融合过程中，教育机构还可以鼓励学生和教师参与到乡村文化保护和传承的工作中，如参与文化遗产的数字化记录和保护项目。通过这样的实践活动，不仅能提升学生的实践能力和创新思维，还能增强他们对乡村文化价值和意义的认识。综上所述，教育机构在促进乡村文化适应现代社会需求方面扮演着极其重要的角色，他们的努力不仅有助于传统文化的传承，也为其在现代社会中的活跃发展提供了坚实的基础。

第三节　高职教育服务乡村生态振兴的目标

一、促进生态环境的可持续性发展

（一）培育环保意识与自然资源管理技能

课程设计的多样性与深度是培养学生环保意识和管理技能的基础。生态学基础、环境科学、自然资源规划与管理等课程不仅提供了理论知识，还教授学生如何在实际情况中应用这些知识。例如，生物多样性保护课程不仅讲授保护的理论和方法，还可能包括实地考察保护区的活动，使学生能够直接观察和学习如何实施有效的生物多样性保护策略。通过参与生态保护区的工作、环境调查和规划项目，学生不仅能够将课堂所学知识应用于现实中，还能学习如何面对和解决实际环境问题，这种实践经验对于培养他们成为能够独立处理环境问题的专业人才非常重要。高职院校在培育学生时还需强调对生态系统的综合理解，这意味着学生不仅要学习单一环境问题的解决方法，还应该理解生态系统中各个部分之间的相互作用和平衡。

（二）推动生态科技创新与应用

推动生态科技创新与应用是高职教育服务乡村生态振兴的重要方面。在这一过程中，高职教育的重点是培养能够参与和推动生态技术创新的专业技术人才，这对于实现生态环境的可持续性发展至关重要。

高职教育在培养学生掌握最新生态保护技术方面扮演着关键角色。高职教育课程内容不仅覆盖了可持续农业技术、清洁能源利用、废物循环利用等领域，还强调了对这些技术背后科学原理的深入理解。这种全面的知识体系使学生能够了解如何有效地利用和保护自然资源，同时促进环境的可持续发展。

通过与企业和研究机构的合作，为学生提供了参与实际科技研发项目中的机会。这样的实践经验对于学生理解和应用生态技术具有重要意义。通过参与开发节水灌溉系统、生物多样性保护策略、生态友好型建筑材料等项目，学生不仅能够将课堂所学知识应用于实践，还能直接对乡村生态系统的改善作出贡献。高职教育在推动生态科技创新与应用的过程中还强调创新思维的培养，鼓励学生思考如何将新技术与乡村特定的生态环境相结合，以实现最佳的环境保护效果。例如，考虑如何在不同地理和气候条件下应用节水灌溉系统，或如何根据地区特性优化生物多样性保护策略。

（三）加强乡村环境保护意识教育与社区参与

在高职教育服务乡村生态振兴的目标框架中，此方面的工作不仅关乎知识的传授，更重要的是建立一种积极的生态保护文化和社区的广泛参与机制。在乡村环境保护意识教育方面，高职院校的任务是促进村民对生态环境保护重要性的深刻理解。通过课程设置，如生态学基础、环境科学知识等，村民能够获得关于生态系统运作的基本知识，理解生物多样性、水土保持、能源循环等概念的实际意义。这种教育不仅限于理论层面，更重要的是让村民了解日常生活中可以采取的具体环保行动，如垃圾分类、节约用水、采用可再生能源等。高职院校可以通过组织各种环保活动，如生态保护宣传、环境清洁行动、生态恢复项目等，激发村民的参与热情。通过参与这些活动，村民不仅能够实际行动支持环保，还能增进对生态环境保护的实际理解和认识。这些活动还能加强村民之间的联系，建立起一种共同参与和支持环境保护的社区文化。高职教育需强调跨学科和实践相结合的教育模式。通过将环境科学、社会学、经济学等多学科知识融入教育内容，可以更全面地理解生态保护的复杂性和重要性。通过实践活动，学生和村民能够将理论知识应用于实际环境中，从而更深刻地理解生态保护的必要性和紧迫性。

二、提高乡村生态质量

（一）维护生态系统平衡与生物多样性

生态系统的健康和稳定是维持生物多样性和确保自然资源可持续利用的基础。乡村地区作为生物多样性的重要载体，其生态质量直接影响生物种群的生存和繁衍。高职教育在此领域的职责是培养能够理解和维护生态平衡的专业人才，包括教育学生关于生态系统功能、物种间的相互作用、生态保护的方法等。通过这些知识的传授和实践操作的培训，学生能够在未来参与到生物多样性保护和生态平衡维护的工作中，如参与生态保护区管理、野生动植物保护等。这种教育不仅是传授生态科学知识，更是培养学生对自然的尊重和责任感。

（二）促进环境资源的可持续利用

乡村地区的生态资源，如水资源、土壤、林地等，是维持当地社区生活和经济发展的基础。高职教育在这方面的目标是培养学生能够合理利用和管理这些资源，实现其可持续利用。课程内容应包括水资源管理、土壤保育、林业管理等，同时结合实践活动，如水土保持项目、可持续林业管理实践等。这些教育活动有助于学生理解生态资源管理的复杂性和重要性，培养他们在资源利用时考虑环境影响和长远效益的能力。通过这种方式，不仅能提高乡村地区的生态质量，也为当地社区的可持续发展提供支持。

（三）改善环境质量，提升村民生活水平

环境质量的改善直接关系到乡村居民的健康和生活质量。空气和水质的改善能减少疾病的发生，提高村民的生活质量。高职教育在这方面的任务是培养学生掌握环境污染控制、水质净化技术等。通过专业课程和与企业、地方政府的合作项目，学生能够参与到实际的环境治理工作中，如参与污水处

理厂的设计和运营、大气污染监控等。这种教育不仅有助于学生获得实际技能，还能够提升他们对环境保护工作的责任感和参与度。

（四）促进乡村地区的经济可持续发展

乡村生态质量的提升也是实现经济可持续发展的重要基础。良好的生态环境能够吸引投资者和旅游者，促进乡村经济的发展。高职教育应关注培养学生理解生态环境与经济发展之间的相互关系，教育他们如何在保护环境的同时通过可持续的方式促进经济发展。通过这种教育，学生能够在未来的工作中考虑如何在保护环境的前提下实现经济效益，如发展生态农业、生态旅游等。

三、发展绿色经济和可持续产业

（一）促进生态友好型农业实践

传统农业模式往往依赖大量化学肥料和农药，可能导致土壤退化和水体污染。高职教育在此领域的目标是培育能够实施和推广生态友好型农业实践的人才。通过机农业、生物多样性农业、生态农业等实践，不仅减小对环境的负面影响，还能增强农业系统的可持续性。课程设计需包括生态农业原理、有机农业技术、自然资源管理等，同时通过与当地农场和农业企业的合作，提供实际操作和实习机会，使学生能够在实践中学习和应用这些环保型农业技术。

（二）推广清洁能源和环保技术

清洁能源和环保技术的应用是实现乡村可持续发展的关键。高职教育在这方面的目标是培养掌握清洁能源技术（如太阳能、风能）和环保技术（如废物循环利用、节水技术）的专业人才。通过学习相关课程和项目，学生不仅掌握了这些技术的基本原理和应用，还能参与到相关技术的实际项目中，如参与建设太阳能发电设施、开发废物回收和处理方案等。这样的教育和实践能够促进学生对环保技术的理解，提高学生的环保技术应用能力，为乡村地区的绿色经济发展提供技术支持。

（三）激发创新和创业精神

高职教育通过培育学生的创新和创业精神，鼓励他们参与到绿色经济和可持续产业的创新和发展中。通过课程和实践项目，学生能够学习如何将环保理念和可持续发展原则融入商业模式中，创造出既环保又经济的解决方案。这样的教育不仅提高了学生的创业能力，也为乡村地区的经济转型和升级提供了新的动力。

（四）增强乡村社区的环保意识和参与度

发展绿色经济和可持续产业也需要乡村社区居民的理解和支持。高职教育在这方面的目标是通过教育和社区活动，包括组织关于环保和可持续发展的讲座、研讨会，以及社区环保项目，如社区花园、废物回收等，提升村民对环保和可持续发展的认识。通过这些活动，村民能够更好地理解清洁能源和环保技术的价值，增强他们的环保意识，促进社区内的环保行动和参与。

四、提高乡村生态教育和意识

（一）培养乡村社区的环保责任感

高职教育通过生态教育和环保意识的提升，旨在培育乡村社区居民对环境保护的责任感。这种教育不仅是传授生态知识，更重要的是激发乡村居民对于自然资源保护的认识和积极参与。课程内容应涵盖生态系统基本原理、环境污染与治理、可持续发展策略等，旨在让居民理解人类活动对生态系统的影响，从而自觉采取生态友好行为。高职院校还需通过实际案例分析和现场教学，展示生态环境保护的重要性和紧迫性，使乡村居民在理论学习的基础上，建立起保护生态环境的实际行动力。

（二）促进乡村生态保护与发展的协调

乡村生态教育和环保意识的提升对于实现乡村生态保护与发展的协调具有关键作用。教育机构通过组织专业课程和实践活动，帮助乡村居民理解如何在推动经济发展的保护和恢复生态环境。例如，高职教育可以引导学生和社区居民学习和实践生态农业、循环经济、生态旅游等可持续发展模式，使乡村发展与生态保护相辅相成。通过这种方式，乡村社区能够在维护生态平衡的基础上，探索生态环境保护与经济发展的新路径，实现乡村振兴的可持续目标。

（三）提高乡村居民的环境治理能力

通过高职教育提升乡村居民的环保意识，可以有效提高他们参与环境治理的能力。课程设计应包括环境法律法规、生态环境监测、资源管理等方面，使乡村居民能够了解和掌握环境保护的基本法律和政策，以及参与环境监测和治理的实际技能。高职教育还需通过实践项目和社区合作，让学生和居民参与到环境治理的实际工作中，如水质监测、废物分类处理、生态恢复项目等，这些实际操作经验对于提高乡村居民的环境治理能力具有重要意义。

（四）增强乡村社区的环境教育与公众参与

强化乡村生态教育和环保意识还包括增强乡村社区的环境教育和公众参与。通过社区活动和公共教育项目，如环保宣传活动、生态知识竞赛、环保志愿服务等，可以有效提升乡村居民对生态环境保护的认识和参与度。这种公众参与有助于形成积极的环保文化，促进乡村居民在日常生活中实践环保行为，从而为乡村地区的生态环境可持续发展提供了坚实的社会基础。

五、促进乡村生态环境治理与创新

乡村生态环境治理与创新的必要性源于当前乡村地区所面临的一系列生态问题。随着工业化和城市化的推进，乡村地区经常遭遇土壤退化、水资源短缺、生物多样性下降等挑战。这些问题不仅影响了乡村的可持续发展，也威胁到居民的生活质量和健康，因此，寻找和实施创新的解决方案对于恢复和提升乡村生态系统至关重要。高职教育在这一过程中起到了桥梁和纽带的作用，通过培养专业人才和推广科学研究，为乡村生态环境的治理和创新提供了必要的支撑。

高职教育在促进乡村生态环境治理与创新方面的作用体现在三个方面：人才培养、科学研究和技术创新。

在人才培养方面，高职院校需要设计和实施与生态环境治理密切相关的课程和实践活动，如环境工程、生态农业、水资源管理等，这些课程旨在培养学生的专业知识和技能，使他们能够在未来的工作中有效应对生态问题。

在科学研究方面，高职教育通过与科研机构和企业的合作，参与到环境治理相关的研究项目中，如土壤修复技术、水资源再生利用、生物多样性保护策略等。这些研究不仅促进了科学知识的进步，也为乡村生态环境的治理提供了创新的思路和方法。

在技术创新方面，高职教育还需鼓励学生参与到新技术和新材料的开发和应用中，如智能灌溉系统、生态友好型建筑材料等，这些创新技术能够提高乡村生态环境治理的效率和效果。

高职教育在促进乡村生态环境治理与创新的过程中还需要关注与乡村社区的合作。这意味着高职院校不仅在校园内开展教育和研究活动，还需要将学术成果转化为乡村实际应用的解决方案。通过组织学生参与乡村生态项目、与当地政府和社区合作等方式，高职教育可以促进理论与实践的有效结合，为乡村生态环境的改善和创新贡献力量。通过公共讲座、展览、社区活动等，高职院校还能增强乡村居民对生态环境保护的意识和参与度，形成全社会共同参与乡村生态治理与创新的良好氛围。

第四节　高职教育服务乡村民生振兴的目标

高职教育在服务乡村民生振兴的过程中扮演着极其重要的角色。它不仅关乎乡村居民的生活质量，而且涉及公共卫生、社会保障、教育、就业等多个方面，旨在构建一个全面、健康、可持续发展的乡村社会。

一、提高乡村居民生活质量

提高乡村居民生活质量作为高职教育服务乡村民生振兴的重要目标，其本质在于通过教育和技能培训，直接提升乡村居民的日常生活水平和生活质量。这一目标的实现对于乡村地区的全面发展至关重要，因为它直接影响到乡村居民的幸福感和对生活的满意度。

高职教育在提高乡村居民生活质量方面的作用体现在多个层面。首先，高职院校可以通过提供与生活技能相关的课程和培训，如家政管理、基本医疗知识、营养学、个人财务管理等，来提高乡村居民在日常生活中的自我管理能力。这种教育不仅是知识的传授，更是一种生活方式的引导。通过这样的教育，乡村居民能够学会如何更有效地管理家庭预算，如何维持家庭成员的健康，以及如何合理规划日常生活，从而提升生活质量。

高职教育在提升乡村居民生活质量方面还体现在对特定技能的培训上。例如，针对乡村地区的农业生产特点，高职院校可以开设现代农业技术、生态农业等课程，帮助乡村居民掌握先进的农业生产技术，提高农业生产效率和产品质量。通过教育乡村居民如何利用现代信息技术和电子商务平台，可以帮助他们拓宽销售渠道，增加收入，从而改善其经济状况。这种技能的提升不仅能够帮助乡村居民直接提高经济收入，还能够促进乡村地区的经济发展，提升整体生活水平。

高职教育在提高乡村居民生活质量方面还可以通过加强乡村居民的社会参与和社区建设来实现，包括组织各种社区活动和公共教育项目，促进乡村居民之间的交流和合作，增强社区凝聚力。例如，通过开展文化、体育和娱乐活动，可以丰富乡村居民的精神文化生活，增强他们的幸福感。这种社区参与还有助于形成积极向上的社区氛围，促进社区成员之间的相互支持和合作，从而提升整个乡村社区的生活质量。

二、促进乡村公共卫生和医疗保障

促进乡村公共卫生和医疗保障是高职教育服务于乡村民生振兴的重要目标，其核心在于通过教育和培训提升乡村地区的医疗卫生服务水平，确保居民能够获得基本而有效的医疗服务。这一目标的实现对于提升乡村居民的健康水平和整体生活质量具有深远的影响。

高职教育在促进乡村公共卫生和医疗保障方面的作用首先体现在培养医疗卫生人才上。乡村地区往往面临医疗资源匮乏的问题，包括专业医疗人员的短缺和医疗设施的不足。高职院校可以通过设置医学、护理、公共卫生等专业，为乡村地区培养所需的医疗卫生专业人才，这些专业人才不仅具备必要的医疗知识和技能，还了解乡村特有的卫生环境和需求，能够在乡村地区提供更为精准和有效的医疗服务。通过实习和实践项目，学生能够在真实的乡村医疗环境中应用所学知识，增强其实战能力，为日后在乡村地区提供优质医疗服务打下坚实基础。

高职教育在提升乡村公共卫生服务水平方面的作用还体现在增强健康教育和疾病预防措施上。通过开设与公共卫生相关的课程，如疾病预防、健康促进、环境卫生等，高职院校可以教授学生和乡村居民基本的健康知识和预防疾病的方法，这种健康教育对于提高乡村居民的健康意识和自我保健能力具有重要意义。通过组织社区健康讲座、卫生知识竞赛、预防接种活动等，高职院校还可以直接参与到乡村公共卫生服务的提升中，帮助乡村居民学习如何预防常见病和传染病，提高其健康水平。

高职教育在促进乡村医疗设施和服务水平提升方面的作用不容忽视。通过与政府、医疗机构和社区的合作，高职院校可以参与到乡村医疗设施建设和改善中，如协助建立乡村卫生所、改善医疗设备、提供远程医疗服务等。这种合作不仅能够直接改善乡村地区的医疗服务条件，还能够通过技术和管理创新提高医疗服务的效率和质量。通过培养学生的创新和实践能力，高职教育还可以激发学生参与到乡村医疗服务的创新和改进中的热情，从而推动乡村医疗卫生服务的长期发展。

通过培养专业医疗卫生人才，加强健康教育和疾病预防措施，以及参与改善乡村医疗设施和服务，高职院校不仅能够直接提升乡村居民的健康水平，还能够为乡村地区的全面发展和长远繁荣奠定坚实的基础。

三、增强乡村社会保障和福利体系

增强乡村社会保障和福利体系是高职教育服务于乡村民生振兴的关键目标之一。这一目标的实现对于保障乡村居民的基本权益和促进社会公平具有重要意义。在社会变革的背景下，乡村地区面临着众多挑战，包括养老保障的不足、教育资源的匮乏和失业问题的增加。因此，通过高职教育培养专业人才以支持和改善乡村的社会保障和福利体系，成为提升乡村居民生活水平和社会福祉的重要途径。

高职教育在加强乡村社会保障和福利体系方面的作用主要体现在培养相关领域的专业人才上。乡村地区在社会保障和福利方面的不足很大程度上源于专业人才的缺乏。高职院校可以通过设置社会工作、公共管理、养老服务等相关专业，培养能够在乡村地区从事社会保障工作的专业人员。这些专业人员不仅掌握相关的理论知识和技能，还具备解决乡村社会保障问题的实际能力。例如，在养老服务专业中，学生不仅学习老年人的心理和生理特点，还要掌握养老机构的管理和服务技能；在社会高职教育在促进乡村社会保障和福利体系的建设和管理上，还需强调创新和实践相结合的教育方式。面对乡村地区多变的社会经济环境和特定的社会需求，高职院校应鼓励学生运用创新思维解决实际问题，如探索适合乡村特点的养老服务模式、优化社区福利项目的管理和运营等。通过这样的教育和实践，学生能够为乡村社会保障和福利体系的建设和完善作出实际贡献，同时也为自己的职业发展奠定坚实基础。

四、改善乡村教育和培训体系

改善乡村教育和培训体系是高职教育服务乡村民生振兴的核心目标之一，这一目标的重要性不言而喻。在乡村地区，教育资源的不足和质量的不均常常是制约社区发展和个人成长的主要因素。通过提升教育水平和优化教育资源分配，高职教育能够直接影响乡村居民的生活质量和未来的发展潜力。

教育资源的改善直接影响着乡村儿童和青少年的成长环境和未来机会。高职教育机构在这一领域具有多重作用，一方面，通过提供高质量的教师培训和专业发展课程，可以直接提升乡村学校的教学质量；另一方面，高职院校还可以通过与乡村学校合作，提供教育资源和技术支持，例如，通过远程教育和数字教学资源，使乡村地区的学生能够接触到更广泛的知识和信息。高职教育机构还可以在课程设计中融入乡村特色和实际需求，使教育内容更加符合乡村学生的背景和需求。

成人教育和技能培训的普及是乡村民生振兴的另一个关键方面。成人教育不仅提供了终身学习的机会，还能够帮助乡村居民适应经济和社会的变化，提高其就业能力和生活质量。高职院校在这方面可以发挥重要作用，通过开设与乡村产业相关的职业技能培训课程，如农业技术、乡村旅游管理、环境保护等，使乡村居民掌握新技能，提高其在当地经济中的竞争力。高职院校还可以通过社区教育项目，提升乡村居民的基本素养，如金融知识、健康教育、法律常识等，从而提高他们的生活质量和社会参与度。

高职教育在推动乡村教育和培训体系改善的过程中，还需注重创新和实践的结合。这意味着不仅要提供传统的教育内容和方法，还要探索新的教育模式和技术应用，如利用互联网和数字媒体，开发适合乡村地区的教育工具和平台。通过这些创新的教育方法，可以更有效地解决乡村地区教育资源不足的问题，为乡村居民提供更加多样化和高质量的教育机会。

通过优化教育资源分配、提高教育质量和普及成人教育与技能培训，高职教育不仅提升了乡村居民的生活水平，还为乡村地区的长期发展和民生振兴奠定了坚实的基础。

五、促进乡村就业和收入增长

促进乡村就业和收入增长作为高职教育服务乡村民生振兴的目标之一，体现了高等职业教育在现代社会中的重要作用和深远影响。高职教育通过专业技能培训和就业指导，不仅为乡村居民提供了更多的就业机会，而且通过提高其技能水平和工作能力，有效地提升了乡村居民的收入水平，从而促进整体的社会经济发展和人民生活水平的提升。

乡村地区往往面临着就业机会有限、专业技能缺乏和收入水平低下等问题，这些问题直接影响到乡村居民的生活质量和社会稳定。在这种背景下，高职教育通过提供专业技能培训和就业指导，为乡村居民开辟了新的就业渠道，不仅包含传统的农业相关技能培训，还涵盖了现代服务业、工业制造、信息技术等领域的职业技能培训。通过这些培训，乡村居民能够掌握更多的技能，提高自身的就业竞争力，从而找到更稳定、收入更高的工作机会。高职教育还通过就业指导服务，如职业规划、简历制作、面试技巧等，帮助乡村居民更有效地进入就业市场，提高其就业成功率。

高职教育对乡村就业和收入增长的促进，不仅局限于直接的技能培训和就业指导。高职院校还可以通过与企业、政府部门和非政府组织的合作，开发适合乡村地区的就业项目和创业机会。例如，高职院校可以与当地企业合作，开展实习和就业对接项目，为学生提供实际工作经验和就业机会。高职院校还可以通过创业教育和支持，鼓励乡村居民开展自主创业，促进乡村经济的多元化发展。这些活动不仅提供了更多的就业和收入来源，还有助于激发乡村地区的经济活力，促进社会的整体繁荣。

　　高职教育在促进乡村就业和收入增长方面发挥着关键作用。通过提供专业技能培训、就业指导，以及与各方合作开发就业机会，高职教育不仅帮助乡村居民提高收入和改善生活，还为乡村地区的经济和社会发展注入了新的动力。这一过程不仅改变了乡村居民的个人命运，也对整个社区乃至更广泛的社会产生了积极影响。

第五章 高等职业教育服务乡村振兴的行动机制

第一节 高职教育与地方政府的协同治理机制

高等职业教育与地方政府的协同治理机制对于乡村振兴具有重要意义。以下从五个角度论述高职教育如何与地方政府实现协同治理。

一、政策制定与执行协调

（一）专业意见与政策制定的结合

高职教育在乡村振兴政策制定与执行的协调过程中扮演着至关重要的角色。这一过程中，高职院校的专业意见与政策制定的紧密结合，不仅反映了教育与政府间的协同治理机制，更确保了乡村振兴政策的实效性和适应性。

高职院校作为专业知识和技能培训的集大成者，拥有丰富的教育资源和深厚的技术背景。这些优势使得高职院校在乡村振兴相关政策的制定过程中，能够提供基于深入研究和实际情况的建议。这些专业意见不仅涵盖了教育政策的制定，还扩展到乡村经济发展、技术创新、社会福利等多个领域。例如，高职院校在分析乡村劳动力市场的基础上，建议政府在农业技术、数字技能、创业指导等方面提供更多的培训和资源支持。这些建议有助于确保政策的制定，不仅符合乡村当前的需求，而且预见未来的发展趋势，从而有效地促进乡村的综合振兴。

高职院校与地方政府之间在政策制定过程中的紧密协作，也体现了教育与政策实践的有效结合。高职院校通过与地方政府的沟通，可以确保教育内容与政府的乡村振兴战略相契合，进而在教育实践中支持政策目标的实现。例如，在乡村产业升级的政策指导下，高职院校可能会增强对新能源、环保技术、现代农业技术等领域的教育和研究，培养符合乡村未来发展需要的技术人才。

高职院校不仅能够在教育实践中测试政策的可行性，还能提供实时反馈，帮助政府及时调整和优化政策。这种动态的反馈机制增强了政策的适应性和有效性，使得乡村振兴政策能够更好地适应不断变化的社会和经济环境。

（二）政策执行的反馈与调整

政策执行的反馈与调整是高职教育与地方政府协同治理机制中的关键环节，它保证了政策制定与执行过程的动态性和实效性。在这一过程中，高职院校作为教育和技术专业的实践者，扮演着收集反馈、指出问题，并推动政策调整的重要角色。

高职院校在政策执行中的直接参与，使其能够从第一线收集宝贵的实践经验和反馈信息。这些信息不仅来自教育实践本身，还包括与学生、社区居民和企业的互动过程中获得的见解。例如，在执行乡村技能培训计划时，高职院校可能发现课程内容与乡村实际需求存在差距，或者培训资源分配不均。这些发现是宝贵的反馈，能够帮助地方政府及时了解政策实施的实际效果，识别潜在的问题和挑战。

通过与地方政府的沟通，高职院校能够将实践中的问题和建议及时传达给政策制定者，从而推动政策的及时调整和优化。这种反馈机制是动态的，能够根据乡村振兴的实际进展和变化进行适时调整。例如，如果在实践中发现某一农业技术培训与当地农民的接受程度不符，高职院校可以建议政府调整培训内容或方法，以提高培训的实际效果。

高职院校与地方政府在政策执行的反馈与调整过程中的合作，还体现了双方在资源分配和优先事项设定方面的协同。高职院校能够根据实际执行情况，向政府提出更为合理的资源分配建议，或者指出需要优先关注的问题领域。这种合作不仅提升了政策执行的效率，也确保了政策更加贴合乡村地区的实际需求和挑战。

（三）资源共享与合作发展

资源共享与合作发展在高职教育与地方政府之间的协同治理机制中扮演着极其重要的角色。这种合作模式基于双方资源和优势的互补，旨在实现教育资源的最大化利用和地方经济社会的全面发展。

高职院校作为教育资源和技术知识的重要承载者，其在乡村振兴中的作用不仅限于提供专业教育和技术培训，更包括通过与地方政府和企业的合作，共同推动地方经济社会的发展。这种合作关系的核心是资源共享，即高职院校的教育资源、技术知识与地方政府的政策支持、资金投入相结合，形成一种互补性的合作模式。例如，高职院校可以利用自身在某一技术领域的专业优势，与地方企业合作开发新的产品或服务，同时地方政府提供必要的政策和资金支持，共同促进地方产业的升级和创新。

资源共享还表现在教育课程和培训项目的共同开发上。高职院校可以根据地方产业发展的需求，与政府和企业合作，开发符合实际需求的专业课程和技能培训项目。这不仅提高了教育课程的实用性和针对性，也使得地方劳动力能够获得更为精准的技能培训，进而提升整个地区的人力资源水平。例如，针对地方特色农业的发展，高职院校可以开设相关的农业技术和管理课程，为地方农业发展培养专业人才。

合作发展还涉及共同参与地方社会经济项目的规划和实施。高职院校和地方政府可以共同参与乡村振兴项目的规划和执行，如乡村旅游开发、文化遗产保护、生态环境治理等。这种合作不仅可以发挥高职院校在专业技术和人才培养方面的优势，也能确保项目更加贴合地方实际需求和特色，从而有效推动乡村综合发展。

二、资源共享与优化配置

（一）资源整合与协同发展

在当代社会，高职教育机构不再仅是传授知识的场所，而是成为了区域发展的重要参与者。他们通过与地方政府的紧密合作，能够为乡村振兴提供必要的知识支持和技术指导。例如，面对乡村产业升级的需求，高职院校能够依托其在农业技术、乡村管理等领域的专业优势，为地方政府提供科学的决策依据和实施方案。这种资源整合不仅提升了高职教育的实用性和社会服务功能，也使地方政府在推动乡村振兴过程中更加高效和目标明确。

地方政府在这一协同治理机制中扮演着资源分配和政策执行的关键角色。他们通过与高职院校的合作，可以更准确地把握教育资源在乡村振兴中的应用方向和效果。政府的资金支持和政策便利，如提供学校建设资金、研发项目补助等，不仅为高职教育的发展提供了物质基础，也为乡村振兴计划的实施提供了必要的支持。地方政府还能通过政策引导，鼓励高职院校将研究成果转化为具体的乡村发展项目，促进科技成果在乡村的应用和推广。资源整合的另一个重要方面是建立起高职教育与地方政府之间的长效合作机制。这种机制不仅包括项目合作，还涵盖了人才培养、技术交流、信息共享等多个层面。例如，通过定期举办乡村发展研讨会、技术展示会等活动，双方可以共同探讨乡村振兴的新策略、新技术，同时为高职院校的学生提供实践和就业机会。通过这种方式，高职教育机构与地方政府的合作更加紧密和持久，能够形成互利共赢的局面。

（二）优化资源配置以提高效率

在高职教育与地方政府共同推动乡村振兴的过程中，优化资源配置以提高效率是至关重要的一环。这一过程要求双方基于对乡村实际需求的深入理解和分析，制定出一套既高效又实用的资源分配策略。例如，对于乡村特色产业的发展，高职院校和政府需要共同确定哪些资源对于促进特定产业的发展最为关键，这可能涉及对教育资源的精准投入，如针对乡村旅游、农业创新等领域的专业课程和技能培训的加强，确保教育内容和乡村发展需求紧密对接。

高职教育机构和地方政府还应共同探讨如何更有效地利用现有的教育和技术资源，这不仅包括资金的合理分配，也涵盖了教师资源、实验设施、研究项目等方面的优化配置。例如，可以通过建立行业—学校—政府合作模式，将学校的教育资源与地方企业的实际需求相结合，既提高了教育的针对性和实用性，也为企业提供了所需的技术支持和人才储备。

优化资源配置还需要考虑长期和可持续的发展视角。地方政府在分配资源时，应考虑到乡村发展的长远规划，确保资源的使用不仅能解决当前问题，也能为未来的发展留下可持续的基础。例如，在投资教育和技术项目时，需要考虑到这些投资如何能长期地助力乡村经济的多元化和可持续发展。

（三）共建平台促进信息交流和技术转移

共建平台促进信息交流和技术转移在高职教育与地方政府协同治理中起着至关重要的作用。这种平台旨在创造一个互动、共享的环境，其中高职院校的专业知识和创新能力与地方政府的实际需求和资源得以有效结合。通过线上信息交换系统，可以实现实时的信息共享和快速反应，确保双方能够及时掌握彼此的需求和提供的资源。例如，高职院校可以通过平台分享其在乡村振兴相关领域的研究成果，而地方政府则能够发布其对特定技术或知识的需求，实现资源和需求的精准对接。

定期举办的研讨会和工作坊则提供了面对面交流的机会，有助于双方深入了解对方的工作进展和面临的挑战。这种直接的交流不仅有助于增进对彼此的了解，还能促进思想的碰撞和知识的共享。在这些活动中，高职院校的专家学者可以与地方政府官员和企业代表进行深入讨论，共同探索解决乡村振兴中遇到的实际问题的新思路和方法。

通过平台，高职院校的研究成果和创新技术可以快速传递给地方政府和乡村企业，加速新技术的应用和推广。例如，高职院校开发的新型农业技术或可持续发展解决方案，可以通过平台迅速被地方政府和相关企业所了解和采纳，从而提高乡村振兴工作的效率和效果。

三、项目合作与实施

（一）技术研发与应用

技术研发与应用在高职教育与地方政府的协同治理机制中起着至关重要的作用。高职院校凭借其在科学研究和技术开发方面的专业优势，能够为乡村振兴提供创新的技术解决方案。这些技术方案覆盖了从农业生产、生态保护到能源管理等多个领域，旨在通过科技创新驱动乡村的可持续发展。高职院校可以开展智能农业技术的研发，如精准灌溉系统、农作物病虫害智能监测技术等，这些技术一经研发成功，便可通过与地方政府的合作，在乡村地区进行实际应用，极大提高农业生产效率和环境可持续性。高职院校还可以在生态保护领域贡献力量，如开发水土保持和污染治理的新技术，这些技术在实地应用后，将有效改善乡村地区的生态环境。

高职院校与地方政府的合作不仅限于技术的研发和应用，还包括技术的推广和普及。通过举办培训班、工作坊等形式，将最新的技术知识传授给乡村居民和当地企业，这种知识传递和技能培训可以有效提升乡村地区对新技术的接受度和应用能力，从而加速乡村振兴项目的实施进度并提高实施效果。

（二）实习实训基地建设

实习实训基地的建设是高职教育与地方政府协同治理机制中一个关键环节，它在培养乡村所需人才和推动乡村振兴中扮演着桥梁作用。这些基地通常设立在乡村地区，直接对接当地的经济和社会需求，为学生提供了与真实工作环境相似的实习和实训机会。在这些基地中，学生不仅能够将课堂上学到的理论知识应用于实际情境，还能够直接参与到乡村振兴的各类项目中，如参与农业技术创新、乡村旅游规划、农产品市场营销等。

通过实习实训基地的建设，学生能够更深入地理解乡村社区的实际需求和挑战，这也为乡村地区带来了新鲜的思想和创新的解决方案。例如，学生可以在实习过程中提出改善当地农业生产效率的新方法，或者设计提升乡村旅游吸引力的新策略。这种实践经验不仅提升了学生的职业技能和创新能力，同时也为乡村地区的经济和社会发展注入了新活力。

实习实训基地还为地方政府提供了人才培养和技术支持的渠道。通过与高职院校的合作，地方政府可以更好地了解和把握教育资源的优势，为实施乡村振兴计划提供更加精准和有效的人力资源支持，这也有助于地方政府针对乡村振兴的长远规划，制定更为合理的人才培养和技术发展策略。

（三）人才培养项目

人才培养项目在高职教育与地方政府协同治理中扮演着核心角色。这些项目专门针对乡村振兴的关键领域，如农业技术、乡村旅游、环境保护等，设计具有针对性的课程和培训活动。通过这些项目，高职院校可以将其教育资源和专业优势直接用于满足乡村发展的实际需求，培养出既具备专业知识又了解乡村实际情况的专业人才。例如，在乡村特色产业发展项目中，高职院校可以开设与乡村旅游相关的酒店管理、地方文化研究课程，或者针对现代农业技术进行专门的农业机械操作和农业管理的培训。这些课程和培训不仅为学生提供了实际操作的机会，还增强了他们对乡村特定需求的理解和应对能力。

这种合作还能促进教育内容与乡村实际需求的紧密结合，使得教育更加贴近实际，更能满足乡村振兴的需求。地方政府通过这些项目获得所需的专业人才，而高职院校则通过参与这些项目增强了教育的实用性和社会影响力。

四、人才培养与就业对接

人才培养与就业对接是高职教育与地方政府协同治理机制中的关键环节，这一环节确保了教育与地方经济需求的紧密联系，为乡村振兴提供了必要的人力资源。

（一）专业人才培养与地方需求对接

专业人才培养与地方需求对接在高职教育与地方政府协同治理机制中起着至关重要的作用。这种对接策略不仅要求高职院校关注课程的学术内容，更要重视课程内容与地方经济、社会发展需求的紧密结合。例如，针对一个以农业生产为主要经济活动的地区，高职院校可能需要强化农业技术、农产品加工、农业管理等相关专业的培训，以培养能够直接服务于当地农业发展的专业人才。

高职院校在课程设计时应考虑地方的文化特色和社会需求，如在民俗文化丰富的地区增加文化遗产保护和传承的课程，或在旅游资源丰富的地区增加生态旅游、酒店管理等专业的培训。这样不仅能够促进学生对本土文化的了解和保护，也有助于提升当地旅游业的专业水平。

在人才培养与就业对接方面，高职院校与地方政府需共同努力，确保教育培训与地方产业发展的需求相一致。地方政府可以为高职院校提供关于地方经济发展趋势和就业市场的最新信息，高职院校则据此调整教育计划和课程设置，确保学生毕业后能够顺利进入就业市场，有效服务于地方经济发展。

（二）就业机会的提供与人才吸引

就业机会的提供与人才吸引在高职教育与地方政府的协同治理机制中占据着举足轻重的位置。地方政府为高职院校毕业生提供的就业机会，特别是在乡村振兴领域，不仅为学生开启职业生涯提供了平台，更是对乡村发展注入了新的活力。地方政府通过提供创业支持、就业补贴、住房优惠等激励措施，不仅吸引了更多高职院校毕业生前往乡村地区工作，也促进了这些地区的人才多元化和知识更新。

这种对接策略有助于解决乡村地区专业技能人才匮乏的问题，尤其是在农业技术、生态保护、乡村医疗卫生等关键领域。通过地方政府和高职院校的紧密合作，不仅能够保障学生的就业前景，还能够确保乡村地区的经济社会发展能够获得持续的人力资源支持。这种合作模式还促进了在地区内的创新和创业活动，为乡村振兴注入新的动力。

地方政府提供的就业机会和优惠政策也为高职教育毕业生提供了更多的职业选择和发展空间。这不仅提高了学生对于乡村工作的积极性，也有助于减少人才流失，保持乡村地区的活力和竞争力。因此，地方政府在提供就业机会和吸引人才方面的作用，对于高职教育与地方政府协同治理机制的有效运行至关重要。

（三）职业发展平台的建立与支持

职业发展平台的建立与支持在高职教育与地方政府的协同治理中发挥着至关重要的作用。这些平台不仅能够为毕业生提供职业指导和技能培训，还能够提供继续教育的机会，确保他们能够适应不断发展和变化的职场。通过这种方式，高职院校毕业生能够获得必要的职业技能提升和职业发展指导，从而更好地适应乡村振兴工作的需求。这些职业发展平台也成为了高职院校与地方企业及产业界进行信息交流和合作的重要纽带。通过校企合作和产教融合，高职院校不仅能够及时了解产业界的最新需求和趋势，还能够根据这些信息优化课程设置和教学内容，使教育内容更加贴合市场需求。企业也能够通过这些平台了解高职院校的教学特点和人才培养模式，为自己的发展找到合适的人才。

通过职业发展平台的建立和支持，高职教育与地方政府之间的协同治理能够更有效地促进人才的培养和就业对接，形成一个互利共赢的局面。这不仅提高了高职院校教育的实用性和针对性，也为地方经济发展提供了强有力的人才支持，共同推动乡村振兴的实现。

五、信息交流与反馈机制

信息交流与反馈机制在高职教育与地方政府协同治理中扮演着至关重要的角色，它确保了双方能够有效沟通、共享信息，并针对实际问题作出及时调整。

（一）定期沟通与信息共享

定期沟通与信息共享在高职教育与地方政府协同治理的框架内扮演着核心角色。通过建立定期的交流机制，双方能够更加有效地协调行动和资源分配，从而优化乡村振兴策略的实施。例如，高职院校在教育、技术研发等方面取得的进展和成果，若能及时分享给地方政府，将直接促进政策制定者对乡村发展需求的深入理解和相应政策的精准制定。同样，地方政府提供的关于乡村振兴政策动向、地区发展规划等信息，将为高职院校的教育和研究方向提供实时的反馈和指导，确保教育内容和研究方向与地方发展需求保持一致。

这种信息共享和定期沟通的机制不仅限于传统的面对面会议，还应包括现代化的数字交流平台。通过建立线上信息交换系统、数字化会议平台等，双方可以更加灵活高效地分享信息和资源，特别是在迅速变化的社会经济环境中，这种及时的信息交流尤为重要。这样的数字化交流方式不仅提高了沟通的效率，还为双方提供了更广阔的合作空间，有助于形成更为紧密的合作关系。

（二）反馈机制的建立与优化

反馈机制在高职教育与地方政府的协同治理中扮演着至关重要的角色，是确保乡村振兴战略顺利实施的关键环节。这一机制不仅涵盖高职院校与政府之间的互动，还应包括对乡村社区的广泛参与和反馈。在开展乡村振兴项目时，高职院校承担着监测和评估项目执行情况的重要职责。通过科学的数据收集和分析，高职院校能够及时向地方政府反馈项目实施的效果，包括成效评估、问题识别及改进建议。这种及时且具有针对性的反馈，使得政府能够迅速响应，及时调整和优化策略，进而提升政策的实际效果。

地方政府对高职院校的反馈也至关重要。政府应及时回应院校提出的需求和建议，共同探讨并寻找最佳解决方案。例如，在高职院校指出特定培训项目的不足之处后，政府可以提供额外的资源支持或调整项目内容，以更好地满足乡村振兴的实际需求。政府还应积极吸纳院校在教学内容、课程设置方面的反馈，以确保教育内容与乡村发展需求保持同步。

构建一个全面有效的反馈机制还需涵盖乡村社区的参与。乡村居民和社区组织的反馈能为高职教育和政府提供宝贵的一线信息和需求指引。这种从基层收集的反馈信息，将有助于高职院校和政府深入理解乡村振兴的实际效果和居民的真实需求，进而更精准地调整教育和发展策略。

（三）问题解决与协作改进

问题解决与协作改进构成了高职教育与地方政府协同治理机制中的核心要素。在乡村振兴的复杂过程中，不可避免地会遇到各种挑战和难题，这些问题往往需要跨学科、跨部门的共同努力才能解决。高职院校与地方政府之间的紧密合作，使得双方可以汇聚各自的优势，共同寻找和实施解决问题的有效方案。例如，面对乡村教育资源分配不均或质量不高的问题，高职院校可以利用其丰富的教育资源和专业知识，与地方政府共同开发远程教育项目，通过网络平台将优质教育资源传递到偏远乡村地区。双方还可以合作建立乡村教育培训中心，为当地居民提供职业技能培训、成人教育等服务，有效提升乡村居民的教育水平和技能水准。

在协作过程中，高职院校的研究和创新能力可以为乡村振兴项目提供科学依据和技术支持，而地方政府则通过政策引导和资源调配，确保这些项目能够顺利落地实施。例如，针对乡村的环境保护或农业技术创新，高职院校可以开展相关研究，提出创新解决方案，地方政府则负责项目的资金支持和政策落实，确保研究成果得以实际应用。

第二节　高职教育与乡村企业的合作治理机制

一、产教融合的合作模式建立

（一）课程设计与企业需求对接

在高职教育与乡村企业合作治理机制中，产教融合的合作模式，特别是在课程设计与企业需求的紧密对接方面，扮演着至关重要的角色。这种合作模式要求高职教育机构与乡村企业之间建立更为紧密和有机的联系，以确保教育内容与市场需求之间的同步性和适应性。

高职院校应与乡村企业紧密合作，深入了解企业在技术和人才培养方面的具体需求。这意味着课程内容的设计不仅要基于理论知识，还应包含与乡村企业实际操作和市场需求相匹配的实践技能。例如，在农产品加工或乡村旅游等乡村特色产业领域，课程设计应覆盖从农业生产的基础知识到先进加工技术、市场营销策略等多个层面，确保学生毕业后能够迅速适应相关行业。这种课程设计与企业需求对接的过程中，企业应积极参与到教育内容的讨论和制定中，包括但不限于提供实际案例研究、组织实地考察和实习机会，甚至参与课程教学。通过这种方式，学生能够在学习过程中直接接触到实际工作环境，增强其理论知识与实际操作能力之间的联系。这种紧密的课程设计与企业需求对接机制，不仅提高了学生的就业适应性和专业技能，也为乡村企业解决了技术和人才短缺的问题，促进了企业的持续发展和创新。通过这种产教融合的合作模式，高职教育机构与乡村企业共同推动了乡村振兴的进程，实现了教育内容与市场需求的有效对接，为乡村发展提供了坚实的人才和技术支持。

（二）实训基地和实习机会的共建

这种合作不仅为学生提供了宝贵的实践学习机会，同时也为企业培养了适应现实工作环境的专业人才，从而形成了教育与实践的有效结合。实训基地的设立通常涉及高职院校与乡村企业的紧密合作，旨在创造一个模拟真实工作环境的学习平台。这些基地可以位于企业内部，为学生提供直接接触企业运营和项目管理的机会，或者设立为学校与企业共同管理的独立实训中心，专注于特定技术或行业技能的培训。在这样的环境中，学生不仅能够学习到理论知识，更重要的是能够将所学应用于真实的工作场景，提升其实际操作和解决问题的能力。

实训基地为乡村企业提供了一个筛选和培养未来员工的平台。通过与学生的直接接触和合作，企业可以评估学生的技能掌握情况和适应性，同时为学生提供行业内的职业发展机会。这种合作不仅使学生受益，也为企业解决了人才需求问题，形成了双赢的局面。

（三）持续的技术交流与知识更新

高职院校与乡村企业之间的定期互动，如研讨会、技术展览等活动，不仅是知识共享的平台，也是双方紧跟市场趋势和技术进步的关键途径。这种持续的技术交流允许企业接触到学术界的最新研究成果，为其带来新的技术视角和创新思路。高职院校也能通过与企业的互动，了解行业的最新需求和挑战，确保其教育内容的实用性和前瞻性。这种双向交流不仅有利于学术知识的应用和转化，还有助于促进教学内容与行业实践的密切结合。

定期的技术交流活动为双方提供了一个共同探讨和了解行业发展趋势的机会。通过这些交流，高职院校和乡村企业可以共同识别新的市场机会和技术方向，进而共同推动乡村经济的发展和产业升级。例如，面对可持续农业、生态旅游等新兴领域，双方可以共同研究和开发相应的技术解决方案和教育课程。

二、共同的技术研发与创新

（一）联合研究项目的实施

高职院校与乡村企业共同实施联合研究项目，核心在于资源共享和知识交流，通过这种方式，双方可以更有效地应对乡村产业发展中遇到的技术难题。高职院校凭借其在科学研究和技术开发方面的专长，为乡村企业提供了宝贵的知识支持和创新思路，这对于解决乡村特有的农业技术问题、生态环境保护等领域的难题具有重要意义。乡村企业的实践经验和市场需求又为高职院校的研究提供了实际的应用场景和方向，这种实践与理论的结合，不仅推动了技术的创新和应用，还促进了学术研究的实际落地。这种合作还促进了两者之间的相互理解和信任，为未来更深层次的合作奠定了基础。

（二）产品开发与市场测试

高职院校利用其科研能力和技术优势，与乡村企业紧密合作，共同开发出适应乡村特点的新产品，如新型农业机械或绿色能源解决方案。在这些产品或服务的开发过程中，双方的互动和合作不仅限于技术层面，还包括对市场需求的深入理解和分析。市场测试环节是这一合作模式中不可或缺的一部分，通过这一环节，可以有效评估新产品在实际市场中的表现，包括其性能、效果及市场接受度。合作过程中，形成了一种高职教育与乡村企业合作的治理机制。这种机制基于双方的资源共享和相互补充，实现了技术创新与市场应用的有机结合。高职院校的科研能力和理论知识与乡村企业的市场经验和实际需求相结合，共同推动了技术创新和产品开发。这种合作不仅推动了乡村企业的技术升级和产业发展，也促进了高职教育与产业实践的紧密结合，为促进乡村经济的全面发展和提升农村地区的科技水平提供了重要支撑。

（三）技术转移与知识共享

技术转移与知识共享作为高职教育与乡村企业合作的环节，为双方建立了一种互惠互利的合作治理机制。在这种机制下，高职院校的科研成果通过专利授权、技术咨询、研讨会等形式转移到乡村企业，这不仅能够助力企业在技术上的升级和创新，而且还促进了高职院校研究成果的实际应用和市场化。这样的技术转移模式使得科研成果不再局限于理论层面，而是能够在实际生产和运营中得到验证和改进。

乡村企业的实践经验和市场反馈对高职院校也有着重要的反哺作用。企业在应用新技术过程中积累的经验、面临的挑战，以及得到的市场反馈，都成为高职院校教学和研究的重要参考。这些来自一线的实践信息，帮助高职院校优化课程设计，使其教学内容更加贴近产业需求，更具实用性和前瞻性。这种双向的技术和知识流动，不仅为乡村企业提供了持续的技术创新动力，也为高职院校的学术研究注入了新的活力，促进了学术界与产业界的深度融合。

在高职教育与乡村企业的合作治理机制中，共同技术研发和创新的重要性不言而喻。这种合作不仅推动了技术创新，还助力了乡村振兴的战略目标。通过这种合作，乡村企业能够不断吸收新技术，提升自身竞争力，高职院校也能够将其科研优势转化为实际的社会和经济效益。

三、人才培养与实习实训机会提供

（一）实践技能的提升

高职院校与乡村企业合作，在人才培养和实习实训机会提供方面展现出了显著的优势。通过这种合作模式，学生得以在真实的工作环境中接受培训，实现理论知识与实际应用的有效结合。在这个过程中，学生不仅能够学习和掌握专业技能，还能够深入理解行业的实际运作情况和挑战，这对于他们未来的职业生涯发展具有重要意义。

通过在乡村企业进行实习，学生可以直接接触到现代农业技术的应用、乡村旅游管理的实际操作等，这些经验对于他们理解和掌握相关专业知识至关重要。实习过程中，学生不仅可以将自己在课堂上学到的知识应用于实际，还能通过解决实际工作中遇到的问题来提升自己的问题解决能力和创新思维。这种学以致用的过程，不仅增强了学生的职业技能，也加深了他们对专业领域的理解和热爱。乡村企业通过提供实习机会，不仅为学生提供了宝贵的学习平台，也为自己未来的发展培养了潜在的人才资源。学生在实习过程中表现出的能力和潜力，为企业未来的人才选拔和储备提供了重要参考。这种双赢的合作模式，既帮助学生提升了实践技能和职业素养，也为乡村企业的长期发展注入了新鲜的血液。

对于高职院校而言，与乡村企业的这种合作也是教学改革和课程发展的重要组成部分。通过与企业的紧密合作，高职院校能够更好地了解行业需求和发展趋势，从而优化课程设置和教学方法，使其更加贴合市场需求。这不仅提高了教育的质量和实用性，也提升了学校的社会声誉和教育影响力。

（二）企业需求与课程对接

高职院校与乡村企业之间的合作，不仅是一种简单的教育与就业的对接，更是一种深层次的资源共享与互利共赢的战略联盟。在这一过程中，高职院校通过精准把握乡村企业的发展需求，调整和优化课程设置，不断创新教育教学模式，使得教育内容与企业实际需求高度契合。这种契合不仅体现在理论知识的传授上，更重要的是在于实践技能的培养。

乡村企业作为高职教育的重要合作伙伴，为学生提供了宝贵的实习实训机会。这些机会不仅使学生能够将课堂所学知识应用于实际工作中，还能够在实践中深化理解和掌握专业技能。实习实训不仅是学生技能提升的平台，也是其职业素养培养的重要环节。通过在企业的实际工作中，学生能够了解行业动态，掌握工作流程，培养团队协作能力和解决实际问题的能力，这些都是传统课堂教学难以实现的。

高职院校与乡村企业的合作还促进了教育内容与企业需求的动态匹配。随着乡村产业的不断发展和技术的迭代更新，企业对人才的需求也在不断变化。高职院校可以通过与企业的紧密合作，及时调整教学计划和课程内容，使教育更加贴合市场需求。这种动态的调整机制，不仅提高了教育的针对性和有效性，也为企业培养了更加适应市场变化的高素质人才。

（三）长期人才培养机制的建立

长期人才培养机制的核心在于建立一个动态、互动和可持续发展的教育培训体系，该体系能够根据乡村企业发展的实际需求和市场变化，不断调整和优化人才培养方案。在这一机制中，高职院校与乡村企业之间的合作应超越传统的教育与就业的简单对接，转向更深层次的战略合作伙伴关系。通过定期的交流和反馈，双方可以共同分析和预测行业发展趋势，基于这些信息共同制订和调整人才培养计划。例如，可以通过设立定向培养项目，针对特定企业或行业的需求，培养具有特定技能和知识背景的专业人才。这种定向培养不仅能够为乡村企业提供持续的人才支持，还能为学生提供更加明确和有针对性的职业发展路径。

长期人才培养机制还应包括对学生实习实训机会的持续提供。与短期实习实训相比，长期合作更能够确保学生在实践中获得深入和系统的工作经验。这不仅有助于学生将理论知识与实践技能进行有效结合，还能够促进学生职业素养的全面提升。通过长期的实习实训，企业也能够更好地评估和培养潜在的未来员工，为企业的长远发展储备人才。

在这一过程中，高职院校与乡村企业之间的合作还应注重创新和灵活性。随着技术的发展和市场的变化，乡村企业对人才的需求也在不断变化。因此，人才培养计划需要不断地进行创新和调整，以适应这些变化。这要求高职院校和企业之间建立起一种灵活高效的沟通和反馈机制，确保人才培养计划始终与市场需求保持一致。

第三节　高职教育发展与信息技术的融合治理机制

高等职业教育的发展与信息技术融合治理机制是适应当前数字化时代的重要趋势。其具体机制主要体现在以下几个方面。

一、信息技术融入教学和学习

（一）在线教学平台的开发和利用

在线教学平台的开发与应用在高职教育发展与信息技术的融合治理机制中扮演着至关重要的角色。这种融合不仅改变了传统的教学模式，也为教育的普及和创新开辟了新的途径。

在线教学平台的应用极大地提高了教育资源的可获取性和可及性。在传统教育模式中，学生的学习往往受限于地理位置和物理空间，而在线教学平台打破了这些限制，使得学生无论身处何地，都能够访问到优质的教育资源。这对于提高教育公平性具有重要意义，尤其是对于偏远地区的学生来说，他们可以通过在线平台获得与城市学生同等质量的教育资源。

平台上的资源不仅包括传统的文本和图像资料，还包括视频讲座、互动课件、模拟实验等多媒体内容，这些内容更加生动和直观，有助于提高学生的学习兴趣和学习效率。学生可以根据自己的学习进度和兴趣选择不同的学习材料，实现个性化学习。一些在线平台还提供讨论区和互动工具，使学生能够与教师和同学进行实时交流和讨论，增强学习的互动性和合作性。教师可以通过平台发布课程内容、布置作业、进行成绩评估等，这些功能大大减轻了教师的行政负担，使他们能够将更多时间和精力投入到教学内容的创新

117

和学生指导中。平台上的数据分析工具还可以帮助教师跟踪学生的学习进度和表现，及时调整教学策略，提高教学的针对性和有效性。

随着信息技术的不断发展，教育领域出现了越来越多的创新模式，如翻转课堂、微课程、混合式学习等。这些模式通过结合线上和线下的教学资源和活动，为学生提供了更加灵活和丰富的学习体验。这些创新模式也为教育研究提供了新的视角和方法，推动了教育理论和实践的发展。

（二）虚拟实验室和模拟技术的应用

虚拟实验室和模拟技术融入不仅改变了传统的教学和学习方式，也为学生提供了更加安全、经济且高效的实践学习环境。虚拟实验室和模拟技术通过高度模拟真实的工作环境和操作过程，使学生能够在接近现实的条件下进行学习和实践。这种模拟环境尤其适用于那些需要高成本设备或存在安全风险的实验和操作训练。例如，在机械工程、电气工程等领域，学生可以在虚拟实验室中进行机械装配、电路设计等实验操作，而无需担心设备损坏或个人安全问题。这种学习方式不仅降低了教学成本，也避免了实验过程中可能出现的安全风险。

在传统的实验教学中，由于资源和时间的限制，学生可能无法进行多次实验来加深理解。而在虚拟环境中，学生可以根据自己的学习进度反复进行实验操作，从不同角度探索和解决问题，这有助于他们更深入地理解理论知识，并提升实践操作能力。随着科技的发展和行业需求的变化，教学内容需要不断更新以适应新的技术和市场需求。虚拟实验室和模拟技术使得教学内容的更新变得更加灵活和高效，教师可以根据最新的技术发展快速调整教学资源和实验项目。这些技术还支持多种教学方法的实施，如翻转课堂、项目式学习等，为学生提供了更加多元和互动的学习体验。

（三）数字化教学资源的开发和利用

数字化教学资源，如电子教科书、在线课程及互动教学软件，为学生提供了丰富多样的学习材料。这些资源通常包含了丰富的多媒体元素，如视频、音频、动画和模拟实验，使得学习内容更加直观和生动。与传统的纸质教材相比，电子教科书和在线课程更便于更新和扩展，能够及时反映最新的教育理念和行业发展趋势。这种数字化特性使得学生可以随时随地通过网络访问教学资源，极大地提高了学习的便利性和灵活性。

通过这些软件，学生可以进行在线讨论、协作学习、虚拟实验等活动，这不仅有助于提高学生的参与度和学习兴趣，也促进了学生之间，以及师生之间的互动交流。例如，虚拟实验软件允许学生在模拟的实验环境中进行操作练习，这不仅安全无风险，还能够重复进行，有助于学生加深对实验原理和操作技能的理解。

教师可以利用这些资源进行翻转课堂、个性化教学等创新教学模式，根据学生的学习情况和需求，灵活调整教学内容和方法。教师也可以通过这些平台进行在线评估和反馈，及时了解学生的学习进度和问题，为学生提供更具针对性的指导和帮助。

二、校园管理信息化和智能化

（一）学生信息系统的建设与应用

学生信息系统通过集成学生的学籍、成绩、出勤等关键信息，为学校管理提供了一个全面、准确、实时的数据平台。这种集成化的信息管理方式，使得教师和管理人员能够迅速获取学生的学习情况，从而更加精准地进行教学规划和管理决策。例如，教师可以根据学生的成绩和出勤情况，及时调整教学方法或提供个性化辅导，以更好地满足学生的学习需求。学生可以随时通过系统查看自己的学习进度、成绩和出勤记录，这种透明和自主的信息获取方式，不仅有助于学生及时了解自己的学习状况，也促使他们更加主动地参与到学习过程中。系统的个性化设置还可以根据学生的学习习惯和偏好，推荐适合的学习资源和课程，进一步提升学习的效率和效果。

学生信息系统的高度集成和互联性，使其能够与校园内的其他教育资源和服务系统相连接，如图书馆系统、在线学习平台、实验室管理系统等。这种互联互通的信息网络，不仅为学生提供了一站式的学习资源获取渠道，也为教师和管理人员提供了更加全面的教学和管理视角。例如，通过与图书馆系统的连接，学生可以更方便地查询和借阅所需的学习资料；通过与在线学习平台的整合，教师可以根据学生的在线学习情况，调整课堂教学内容和方式。

（二）资源管理系统的优化与整合

资源管理系统的数字化使得教学资源的分配和调整更加高效和灵活。在这一系统中，教师可以轻松地获取教学资源，如课件、参考资料、在线课程等，并根据教学需求进行快速调整。学生也能通过系统直接访问和下载所需学习材料，大大提高了学习资源的可及性。这种数字化管理不仅节约了时间和成本，也提高了教学资源利用的效率。财务管理系统的信息化则在校园管理中扮演着关键角色。通过将财务管理流程数字化，高职院校能够实现财务数据的实时更新和准确分析，确保财务管理的透明度和准确性。这种系统化的财务管理有助于及时发现和纠正财务问题，减少经济损失和风险，同时也提高了财务管理的效率。

设施设备管理的智能化也是校园管理信息化的重要组成部分。通过引入智能监控系统、自动化维护和管理工具，高职院校可以更有效地监控和维护校园设施设备。这不仅保证了设施设备的良好运行状态，也降低了维护成本和时间。智能化的设施管理还包括能源管理系统，如智能照明和温控系统，这些系统通过优化能源使用，不仅减少了能源消耗，也有助于构建绿色、可持续的校园环境。

资源管理系统的优化与整合在高职教育与信息技术融合治理机制中起着核心作用。这种融合不仅提高了校园管理的效率和透明度，也为教职员工和学生提供了更加便捷、高效的服务。

（三）智能校园应用的开发与推广

智能校园应用的开发与推广结合了物联网、大数据、人工智能等前沿技术，为校园生活的各个方面提供了智能化解决方案，极大地提升了校园管理的效率和服务质量。

智能门禁系统的应用是提高校园安全管理的一个典型例子。利用人脸识别、指纹识别等生物识别技术，智能门禁系统能够有效地控制校园出入口的安全，防止非授权人员进入校园，保障师生的安全。这一系统还能够记录进出人员的信息，为校园安全管理提供数据支持。智能调课系统则通过分析学生和教师的课程需求和时间表，自动优化课程安排。这种系统的应用不仅减少了人工调课的工作量，也提高了课程安排的合理性和效率。学生和教师可以通过系统获得最新的课程信息，减少因课程调整带来的不便。

智能分析系统的应用则更加注重对学生学习和生活习惯的分析。通过收集学生的学习数据、参与活动的记录等信息，智能分析系统可以对学生的学习效果、生活习惯进行深入分析，为教师提供个性化教学的参考，为学校管理提供决策支持。这种系统的应用有助于发现学生的学习问题，及时进行干预和指导，提高教育教学的质量。

智能校园应用还包括智能照明系统、能源管理系统等，这些系统通过智能化控制校园的能源使用，不仅节约了能源消耗，也为构建绿色、可持续的校园环境作出了贡献。

三、信息技术与专业教育的结合

（一）教育内容的信息技术融入

信息技术的融入不仅为专业教育注入了新的活力，也为乡村振兴提供了技术支持和人才保障。信息技术的融入使得高职教育更加贴合乡村振兴的实际需求。在工程类专业中，计算机辅助设计（CAD）和计算机辅助制造（CAM）

等技术的教学，可以直接应用于乡村基础设施建设、农业机械化等领域，提高乡村建设的效率和质量。例如，通过 CAD 技术，学生可以参与设计更加高效的灌溉系统或农业机械，从而提升农业生产力。

在商业和管理类专业中，数据分析和电子商务的教学不仅提升了学生的商业洞察力，也为乡村产品的市场推广和销售提供了新途径。例如，通过学习电子商务，学生可以帮助乡村企业开展在线销售，拓宽销售渠道，提高乡村产品的市场竞争力。通过掌握信息技术，学生不仅能够解决现有的乡村发展问题，还能够在乡村振兴的过程中发挥创新思维，提出新的解决方案。例如，学生可以利用数据分析技术对乡村经济发展进行分析，提出针对性的发展策略；或者利用云计算和人工智能技术，开发适用于乡村的智能农业系统。

（二）实践技能的培养与强化

高职教育发展与信息技术融合治理机制中的信息技术与专业教育融合，尤其体现在实践技能的培养与强化上。这种融合策略不仅关乎理论知识的传授，更重视学生在实际操作和项目实践中的技能提升。

实验室的实际操作是信息技术与专业教育融合的显著体现。在这一环境中，学生能够直接接触到与其专业相关的信息技术设备和工具，如编程软件、数据分析平台等。通过在实验室中进行实际操作，学生不仅能够将课堂上学到的理论知识应用于实践，还能够在实际操作中发现问题、探索解决方案。例如，在农业技术专业中，学生可以通过实验室操作学习如何使用信息技术进行土壤分析、作物生长监控等，这些技能对于提升乡村农业生产力水平至关重要。

通过在企业中实习，学生能够在真实的工作环境中应用信息技术解决专业问题，如利用信息系统进行市场分析、使用自动化工具进行生产管理等。这种实习经历不仅能够使学生了解行业的实际需求和挑战，也有助于他们将学到的技术知识转化为解决实际问题的能力。

通过参与以项目为中心的课程，学生可以在教师的指导下，围绕一个具体的主题或问题进行深入研究。这种课程设计鼓励学生主动探索、团队合作，同时应用信息技术解决专业问题。例如，在乡村振兴相关的课程中，学生可以参与关于乡村信息化的项目，探索如何利用信息技术提升乡村的教育、医疗或农业发展。

（三）跨学科能力的培养

跨学科能力的培养在高职教育中至关重要，尤其是在信息技术广泛应用的当下。例如，农业专业的学生，在学习传统农业知识的还应掌握信息技术，如数据分析、遥感监测等，以适应现代农业的发展需求。这种跨学科学习模式使学生能够在农业生产中运用信息技术进行作物生长监控、病虫害预测和产量分析，从而提高农业生产的效率和质量。

跨学科能力的培养还体现在学生能够将信息技术应用于乡村振兴的多个方面。例如，学生可以利用信息技术进行乡村市场分析，为乡村产品的销售和推广提供数据支持；或者利用信息技术开发乡村旅游资源，通过网络平台吸引游客，促进乡村经济的发展。

在教学方法上，高职院校应采取灵活多样的教学方式，鼓励学生主动探索、跨学科学习。高职院校还应与企业、研究机构等建立合作关系，为学生提供实习和实践的机会，使他们能够在实际工作中应用所学知识，解决实际问题。

四、推动远程教育和终身学习

（一）在线课程和 MOOCs 的开发

在线课程和 MOOCs 的开发在高职教育中扮演着至关重要的角色，尤其是在推动乡村振兴的过程中。这些课程的设计和实施，借助先进的信息技术，不仅突破了传统教育模式的地理和时间限制，还为广大乡村地区的学习者提供了前所未有的学习机会。通过网络平台，学习者无论身处何地，都能够访问到丰富多样的教育资源，这在很大程度上解决了乡村地区教育资源不足的问题。在线课程和MOOCs的内容覆盖范围广泛，从基础的文化知识到专业的技术技能，涵盖了各个学科和领域。这为乡村地区的学习者提供了全面的学习选择，使他们能够根据自己的兴趣和需求选择合适的课程。例如，针对乡村振兴的需求，高职院校可以开设农业科技创新、乡村旅游开发、生态环境保护等课程，这些课程不仅提供了专业知识，还强调实践技能的培养，使学习者能够将所学知识应用于实际的乡村发展中。

这种在线学习形式的灵活性和开放性，为终身学习提供了极大的便利。在职人员、家庭主妇、老年人等不同群体都能够通过在线课程和MOOCs进行学习，不断更新知识、提升技能。这对于提高乡村地区整体的教育水平和文化素养具有重要意义，这也促进了乡村地区与外界的知识交流和文化融合，为乡村振兴注入了新的活力。

（二）在职人员和乡村社区成员的教育参与

远程教育的推广在乡村振兴的背景下尤显重要，它为在职人员和乡村社区成员提供了持续的教育机会和专业发展路径。这种教育模式的灵活性使得在职人员能够在不影响工作的前提下，通过在线课程和MOOCs来更新自己的专业知识和技能。特别是对于乡村地区的在职人员来说，他们往往面临着获取专业培训和进修机会的局限性。远程教育的普及为他们打开了新的学习大门，使他们能够学习到最新的农业技术、乡村管理策略、环境保护方法等，这些知识和技能对于推动乡村振兴至关重要。

远程教育还为乡村社区成员提供了个人兴趣发展和终身学习的机会。社区成员可以根据自己的兴趣和需求选择课程，无论是提升个人技能，还是学习新的兴趣爱好，都能在在线学习平台上找到满足需求的资源。这不仅丰富了乡村社区成员的文化生活，也提高了他们的综合素质，促进了乡村社区的整体文化和知识水平的提升。

远程教育的普及还有助于缩小城乡教育资源的差距。通过网络教育平台，乡村地区的学习者能够接触到与城市相同的高质量教育资源，这在一定程度上弥补了乡村地区传统教育资源的不足。这也为乡村地区的教育公平和社会公正提供了支持，有助于实现教育资源的均衡分配。

（三）远程教育和乡村振兴的结合

远程教育为乡村地区的居民提供了学习现代农业技术、乡村旅游开发、环境保护等与乡村振兴紧密相关的课程。这些课程的内容针对乡村发展的实际需求设计，使学习者能够直接将所学知识应用于实际工作中，提高农业生产效率，开发乡村旅游资源，保护和改善乡村环境。通过这种方式，远程教育不仅提升了乡村地区人员的专业能力，也为乡村的经济发展和社会进步提供了强有力的人才支持。通过提供多样化的课程内容，促进了乡村地区的文化交流和知识共享。乡村地区的居民可以通过远程教育平台接触到更广泛的知识领域，从而拓宽视野，增强对外界信息的接收和处理能力。这种文化交流和知识共享有助于打破乡村地区的信息孤岛现象，促进乡村与外界的交流和融合，为乡村振兴注入新的活力。

远程教育的灵活性和便捷性使其成为乡村地区居民终身学习的重要途径。无论是青年学生、在职人员还是老年人，都可以根据自己的时间和需求选择合适的课程进行学习。这种终身学习的机会不仅有助于提升个人素质和能力，也为乡村地区的长期发展提供了知识和技能储备。

五、创新教育科研协作

（一）学术交流平台建立

在高职教育与乡村信息技术融合治理机制中，学术交流平台的建立起着至关重要的作用，它不仅促进了教师和学生之间的知识共享和学术交流，也为创新教育科研协作提供了坚实的基础。这些平台通过整合信息技术的优势，打破了传统学术交流的界限，为高职教育带来了新的发展机遇。

学术交流平台通过提供一个在线互动的环境，极大地增强了教师和学生之间的交流和合作。在这些平台上，教师可以发布最新的研究成果，学生可以提出问题和见解，双方可以进行深入的讨论和交流。这种即时的互动不仅加深了学生对学术内容的理解，也激发了他们的创新思维和研究兴趣。通过这些平台，高职院校可以与乡村地区的企业、机构进行合作，共同开展科研项目，探讨乡村振兴的策略和解决方案。例如，高职院校可以通过平台与乡村企业合作，共同研究现代农业技术、乡村旅游开发等领域的项目，促进乡村经济的发展和社会进步。在这些平台上，教师和学生可以接触到来自不同地区、不同背景的学术资源和观点，拓宽了他们的视野，增强了他们的跨文化交流和合作能力。这种多元化的学术环境对于培养学生的国际视野和创新能力具有重要意义。

（二）项目合作网络的构建

项目合作网络的构建不仅促进了学校与企业之间的紧密合作，也为学生提供了将理论知识应用于实践的机会，同时促进了乡村地区的科技创新和经济发展。

通过项目合作网络，高职院校能够与企业共同参与到科研项目的各个阶段，从项目设计到实施，再到成果转化。这种合作模式使得学校的科研活动更加贴近市场和实际需求，增强了科研成果的实用性和市场竞争力。例如，高职院校可以与农业技术公司合作，共同开发适用于乡村地区的智能农业系统；或与环保企业合作，研究乡村地区的环境保护和可持续发展策略。学生可以直接参与到这些科研项目中，将课堂上学到的理论知识应用于实际问题的解决中，从而提高了他们的实践能力，培养了他们的创新思维。这种实践经验对学生未来的职业发展具有重要意义，特别是在乡村振兴的背景下，学生可以通过参与项目直接为乡村地区的发展作出贡献。高职院校可以利用企业的技术资源和市场经验，而企业则可以利用学校的科研能力和人才资源。这种资源共享不仅提高了科研项目落地的效率，也促进了双方的互利共赢。

（三）在线实验室的开发

在线实验环境的建立，不仅为教师和学生提供了一个无地理限制的科研平台，还大大提高了科研活动的效率和灵活性。由于乡村地区可能缺乏先进的实验设施和资源，在线实验室提供了一种有效的解决方案。例如，高职院校可以开发专门针对乡村振兴的在线实验室，如农业技术实验室，使学生能够在虚拟环境中学习和实践现代农业技术，如智能灌溉系统的设计和应用，农作物病虫害的早期诊断等。在这些平台上，教师和学生不仅能够共享实验数据和结果，还能够即时讨论和解决实验中遇到的问题。这种即时的交流和合作，为科研项目带来了更多的创新可能性，加速了科研成果的转化和应用。通过参与在线实验，学生可以直接体验和应用最新的科技成果，如环境监测技术、生物技术等，这些技术对于乡村地区的可持续发展至关重要。

第六章 高等职业教育服务
乡村振兴的实施策略

高等职业教育不仅是知识和技能的传授的重要途径，更是参与和推动乡村振兴的重要途径。通过精心设计的课程、教师队伍的专业化建设、实习与实践的深度结合，以及持续的教学评估与质量提升，高职教育能够为乡村振兴注入新的动力和创新。这不仅涉及教育内容与乡村实际需求的对接，更关乎于培养学生的实际解决问题能力，以及教师在教育实践中不断学习和成长的过程。这样的教育模式不仅有助于学生个人职业发展，更为乡村社区的可持续发展提供了坚实的人才支持和智力支撑。

第一节 高职教育课程设计与乡村需求匹配的结合

一、市场需求分析与课程内容定位

在探讨高职教育课程设计与乡村需求匹配的关系时，市场需求分析和课程内容定位这两个方面显得尤为关键。这二者不仅是课程设计的基石，也是确保教育内容与乡村实际需求紧密结合的重要环节。

（一）市场需求分析

市场需求分析在高职教育课程设计中扮演着至关重要的角色。这一分析的核心在于深入理解乡村地区的经济结构、产业特点和技术需求。乡村地区通常具有独特的经济和社会结构，这些区域主要依赖农业、小规模制造业或旅游业，每种产业对技能和知识的需求各异。因此，高职教育课程设计需精准捕捉这些需求，以确保课程内容能够直接对接乡村的经济发展需求。

进行市场需求分析时，需考虑以下三个方面。

1. 经济结构调研

了解乡村地区的主要经济活动，评估其在区域经济中的比重和发展潜力。

2. 产业特点分析

分析乡村地区的主导产业，理解这些产业的特点、发展趋势及其对人才的需求。

3. 技术需求评估

探讨乡村地区在技术层面的需求，包括新技术的应用、传统技术的改进等方面。

通过对这些维度的深入分析，可以为课程内容的定位提供科学依据。

（二）课程内容定位

在市场需求分析的基础上，课程内容的定位成为确保高职教育与乡村需求匹配的关键一环。这要求课程设计不仅要符合教育理念，同时也要紧密贴合乡村的实际需求。课程内容定位的核心在于如何将理论知识与实践技能有效结合，以及如何体现乡村特色和需求。

课程内容的定位主要包括以下三个方面。

1. 理论与实践的结合

设计课程时，应充分考虑理论知识与实践技能的结合。这不仅能够提高学生的综合能力，还能促使他们更好地适应乡村的实际工作环境。

2. 创新与传统的融合

考虑到乡村地区可能同时需要传统技能与现代科技，课程设计应兼顾传统技术的传承与现代技术的创新应用。

3. 针对性与灵活性

课程内容应具有针对性，即直接对接乡村特定行业的需求；也需具备一定的灵活性，以适应乡村经济和技术发展的变化。

通过对市场需求的深入分析和精准的课程内容定位，高职教育课程设计能够更好地服务于乡村的发展需求，实现教育内容与乡村实际情况的有效对接。这不仅有助于提升乡村地区的人才培养质量，还能为乡村的经济发展注入新的活力。

二、本土化课程开发

在探索高职教育课程设计与乡村需求匹配的框架中，本土化课程开发显得尤为关键。本土化不仅是一种课程设计的方法论，更是一种深入挖掘和反映乡村地区特色的重要途径。这种方法注重将乡村特有的文化、环境、社会和经济条件融入教育体系，使教育内容不仅停留在普遍性的知识传授上，而是深入到反映乡村特色的具体实践中。

本土化课程开发首先要求教育设计者对乡村地区的独特性有深刻理解。每个乡村地区都有其独特的文化背景，这些文化元素可能体现在方言、风俗习惯、历史传统等方面。这些独特的文化特征不仅影响着当地社区的生活方式，也在很大程度上定义了当地的教育需求和发展方向。因此，将这些文化特征融入课程内容，不仅能增强学生对本土文化的认同感，也能提升其适应本地社会的能力。

除了文化因素，环境和社会经济条件也是本土化课程开发不可忽视的方面。乡村地区的自然环境，如地形、气候等，以及社会经济条件如产业结构、就业形态等，都直接影响着当地的教育需求和发展方向。

实用性意味着课程内容应紧密贴合当地的实际需求，使学生学到的知识和技能能够直接应用于改善当地的经济和社会状况。前瞻性则要求教育设计者不仅要考虑当前的需求，还需预见未来的发展趋势，确保课程内容能够适应乡村未来的变化和发展。

本土化课程开发是高职教育课程设计与乡村需求匹配的重要组成部分。通过深入理解乡村的文化、环境、社会和经济特征，将这些元素融入课程设计中，可以使教育内容更加贴近乡村的实际情况，提升教育的针对性和有效性。

三、实践性和应用性强的课程结构

在高职教育课程设计的领域内，构建一个以实践性和应用性为核心的课程结构，对于实现教育内容与乡村需求的有效匹配具有至关重要的意义。这种课程结构的设计，旨在强化学生将理论知识与实际情境相结合的能力，突出通过实际操作和应用来加深对理论的理解。实践性和应用性的重点体现在知识与技能的综合运用、适应性培养，以及问题解决能力的提升。具体而言，通过实习、实训、项目式学习等环节的设置，学生可以在真实或模拟的乡村环境中应用所学知识，这不仅促进了理论知识的深化，也增强了学生解决实际问题的能力。

实践性和应用性强的课程结构在设计时应融入实习与实训环节，引入项目式学习，以及实现课堂与实践的相互渗透。这要求课程不仅要传授理论知识，更要让学生在实际操作中学习和体验。例如，通过与当地企业或乡村组织的合作，可以开发适合乡村特点的实习和实训项目，为学生提供实际操作的机会。理论教学与实际应用的紧密结合需要课程内容的灵活调整，根据乡村的实际需求和学生的实习反馈进行及时更新和调整。

为了实现这一课程结构，还需要加强教师队伍的专业培训，特别是提升教师的实践指导能力，以便更好地指导学生在实习和实训中应用所学知识。通过这些措施，不仅可以提高学生的实际操作能力和问题解决能力，还能使他们更好地适应乡村环境，为乡村的可持续发展贡献力量。综上所述，实践性和应用性强的课程结构是高职教育课程设计中不可或缺的一部分，通过不断优化课程结构，可以更有效地满足乡村地区的教育需求，促进乡村经济和社会的全面发展。

四、灵活多样的课程更新机制

在高职教育课程设计中，建立一个灵活多样的课程更新机制对于实现教育内容与乡村需求的有效匹配至关重要。随着乡村振兴战略的深入实施，乡村地区的经济结构、社会需求，以及技术环境都在不断变化。因此，应及时更新和调整课程内容，以纳入新的技术、理念和市场动态，保持教育内容的时效性和前瞻性。

灵活多样的课程更新机制要求教育机构具备敏锐的市场洞察力和快速的响应能力。市场洞察力意味着教育机构需要不断跟踪和理解乡村经济和技术的最新发展动态，识别出那些可能对教育内容产生影响的新趋势和新需求。快速响应能力则要求教育机构能够迅速将这些新的信息和需求转化为课程内容并实际更新，确保教育内容不仅反映当前的实际情况，还能预见未来的发展趋势。灵活多样的课程更新机制还包括与各方面资源的有效整合，如与当地企业、政府部门，以及行业专家的紧密合作，通过这些合作能够及时了解和引入行业的最新发展、技术革新，以及市场需求的变化。教育机构还需要与国内外的高等院校、科研机构进行合作，引入最新的教育理念和科研成果，使课程内容更具前瞻性和国际视野。

灵活多样的课程更新机制不仅包括课程内容的设计和更新，还包括教学方法和手段的创新。例如，可以通过引入在线教学、混合式学习等新型教学方式，使教育更加灵活和多样化。此外，还需要对教师队伍进行持续的培训和发展，提升其对新技术、新理念的掌握和应用能力，确保教学质量与时俱进。

第二节　高职教育教师队伍建设与专业化发展结合

在高等职业教育服务乡村振兴的实施策略中，应专注于高职教育教师队伍建设与乡村专业化发展的匹配，以下从五个策略方面进行论述。

一、专业化培训与继续教育

（一）专业化培训的重要性与实施策略

在高职教育体系中，专业化培训的重要性不容忽视，特别是在与乡村专业化发展相匹配的背景下。专业化培训为教师提供了深入理解和掌握最新行业动态和专业知识的机会，这对于提升教学的相关性和实效性至关重要。随着科技进步和产业发展的不断加速，特别是在乡村地区，教育内容和教学方法需要不断适应新的挑战和需求。因此，教师的专业化培训成为了确保教育质量和适应性的关键因素。

专业化培训主要集中在更新专业知识、提升教学技能，以及适应行业需求这几个方面。首先，更新专业知识是专业化培训的核心，包括最新的行业趋势、技术发展，以及与乡村振兴相关的各种知识点。例如，随着绿色技术和可持续发展在乡村地区的推广，教师需要掌握相关的环境保护知识和实践技能。其次，提升教学技能同样重要，这不仅包括传统的教学方法，还包括如何利用新技术和媒体提高教学效果。最后，适应行业需求意味着教师需要了解乡村特定行业的实际需求和挑战，如农业技术的最新进展、乡村旅游管理等。

实施专业化培训的策略也需精心设计。首先，需要定期制订培训计划，这些计划应涵盖最新的行业动态、教学方法更新，以及乡村特定议题的深入探讨。定期的培训不仅保证了教师能够持续更新知识和技能，也为教师提供了一个系统性的学习和成长的平台。其次，实践与理论的结合是实施策略的另一重要方面。通过结合实际的教学案例和乡村教育的具体情况，培训内容能更加贴近实际，增强教师的实际应用能力。与外部资源的整合对于丰富培训内容和形式至关重要。通过与高等院校、研究机构，以及行业领袖的合作，可以引入更多高质量的教育资源，如特邀讲座、工作坊、实地考察等，这些都能极大地丰富教师的培训经验，扩宽教师的视野。

专业化培训在高职教育教师队伍建设中占据核心地位。通过定期且系统的培训，结合实践与理论，以及与外部资源的整合，可以有效地提升教师的专业知识和教学能力，从而确保他们能够应对乡村专业化发展中的新挑战，为乡村地区的教育和社会发展作出更大的贡献。

（二）继续教育的重要性与实施策略

继续教育在高职教育教师队伍建设中起着至关重要的作用，尤其是在适应乡村专业化发展的过程中。继续教育不仅是教师职业发展的必要组成部分，也是确保教育质量与时俱进的关键。随着乡村振兴战略的实施和社会经济的快速发展，乡村地区面临的教育需求和挑战也在不断变化，这要求教师不仅要有坚实的专业基础，还需要持续更新和扩展其知识和技能。

继续教育的必要性首先体现在持续的职业发展上。教育行业，尤其是高职教育领域，正经历快速的变革和发展，包括教学理念、方法及技术的更新。因此，教师需要通过继续教育来不断提升自己的教学能力和专业水平，以适应这些变化。其次，继续教育对于适应教育改革也至关重要。随着教育模式的转变，如从传统课堂教学向在线和混合式学习的转移，教师需要学习新的教学技术和策略，以更好地满足学生的需求。最后，继续教育强化了教学实践的联系。教师通过继续教育不仅能学到理论知识，还能通过实践活动、研讨会、案例研究等方式，提高其理论与实践相结合的能力。

为有效实施继续教育，需要采取一系列策略。首先，定期评估和更新教育内容至关重要。教育机构应定期评估教师的培训需求，并根据行业发展和技术变革来更新继续教育的内容。其次，鼓励教师参与专业发展活动，如学术会议、研讨会和工作坊，这些活动不仅可以提供最新的行业知识，还能为教师提供与同行交流和学习的机会。建立与高等院校和研究机构的合作关系也非常重要，这可以为教师提供进一步学习和研究的机会，尤其是在乡村专业化领域的最新发展上。最后，强化教师的自我驱动学习能力也是一个关键策略。通过提供在线学习资源、自主学习计划和职业规划指导，可以激励教师主动寻求知识更新和职业发展。

为了实现继续教育的目标，高职教育机构需要采取多元化的策略。这包括但不限于定期评估和更新教育内容，鼓励教师参与各种专业发展活动，与高等院校和研究机构建立合作关系，以及强化教师的自我驱动学习能力。通过这些策略的实施，教师将能够不断更新其专业知识和技能，更好地适应乡村教育的发展需求，同时为学生提供更高质量的教育体验。

二、实践经验的积累与分享

（一）实践经验积累的重要性与方法

在高职教育教师队伍建设中，实践经验的积累扮演着至关重要的角色。实践经验不仅能够增强教师的教学内容与现实世界的联系，而且还提供了宝贵的见解，使教学更具吸引力和实用性。对于乡村振兴而言，教师在实践中获得的经验对于理解乡村的具体需求和挑战尤为重要。通过参与乡村振兴相关的实际项目，教师可以直接了解并体验乡村发展的实际情况，这些经验可以被有效地融入教学中，增强课程内容的实践性和相关性。

实践经验的积累方法同样重要。高职院校应鼓励教师参与到实际项目中，为他们提供必要的资源和支持。例如，可以通过校企合作项目为教师提供进入企业实习的机会，或者与地方政府和社区合作，组织相关服务项目。同时，需要建立一套系统的经验记录和分析机制，使教师能够有效地记录和反思他们在实践中的经验和收获，这可以通过日志、案例研究、田野笔记等形式进行。高职院校应为教师提供定期的培训和研讨会，帮助他们分析和整合实践经验，提升其在实践中的研究和分析能力。

实践经验的积累对于高职教育教师队伍的专业化发展至关重要。这不仅使教师能够更好地理解乡村振兴的实际需求和挑战，还能够将这些实际经验有效地融入教学中，提升教学的实用性和吸引力。通过参与实际项目，记录和分析经验，以及定期的培训和研讨，教师的实践经验将成为高职教育中不可或缺的宝贵资源。

（二）实践经验分享的价值与实现途径

实践经验的分享不仅是积累过程的延伸，也是高职教育教师队伍建设的一个重要环节。通过分享实践经验，教师不仅可以相互学习和启发，还可以促进知识的传播和应用，进而提升整个教师团队的教学能力和专业水平。特别是在乡村振兴的背景下，教师之间的经验分享对于理解和应对乡村地区面临的复杂问题具有重要意义。这种分享不仅限于成功经验，也包括面对挑战和困难时的应对策略，从而为其他教师提供宝贵的参考和启示。

为了有效实现实践经验的分享，可以采取以下几种途径。第一，建立一个平台或论坛，鼓励教师定期分享自己的实践经验和教学案例。这个平台可以是线上的也可以是线下的，关键是要为教师提供一个方便、开放的交流空间。第二，组织定期的研讨会和工作坊，邀请教师分享他们的实践经验，同时引入行业专家或学者进行指导和讲座。这样的活动不仅有助于深化经验分享的内容，还能提供更加系统和专业的见解。第三，鼓励教师进行跨学科和跨领域的合作项目，这样的合作能够拓展经验分享的范围，促进不同领域知识的整合和应用。高职院校应支持教师将其实践经验整理成文，发表在专业期刊或教育平台上，这样可以将经验分享的影响扩大到更广泛的教育社区。

三、跨学科能力的培养

（一）跨学科能力的培养之重要性

在高职教育教师队伍建设中，跨学科能力的培养占据了核心地位，尤其是在应对乡村振兴的多元化需求时。乡村振兴不仅涉及经济增长，还包括社会、环境、文化等多个方面的综合发展。因此，教师必须具备跨学科的知识和能力，以提供全面且深入的教育，帮助学生理解和应对这些复杂的问题。跨学科能力使教师能够整合不同学科的知识，从而更好地理解乡村振兴中的综合性问题，如农业科技与乡村经济的关联、环境保护与社区管理的互动等。

跨学科能力的培养对于高职教育具有多重价值。第一，它有助于提升教师对乡村振兴复杂性的认识和理解。乡村振兴不仅是经济问题，还涉及社会、文化、环境等多个层面。教师在掌握跨学科知识的基础上，能够更全面地理解这些问题的相互关联和影响。第二，跨学科能力的培养也有助于提高教学的实效性。教师能够将不同学科的知识融合在一起，创造出更加丰富和有吸引力的教学内容。跨学科教学还能锻炼学生的综合思维能力，帮助他们拥有起解决复杂问题所需的综合视角。

为了培养教师的跨学科能力，高职院校需要采取一系列措施，包括提供跨学科培训和研讨会，鼓励教师参与不同学科的学习和研究。例如，可以组织涉及农业科技、乡村经济、环境保护等多个领域的综合研讨会，让教师有机会了解这些领域的最新发展和研究成果。高职院校还可以鼓励教师参与跨学科的研究项目，以实践方式提升其跨学科能力。通过这些项目，教师不仅能够在实际工作中应用跨学科知识，还能够与来自不同领域的专家合作，从而拓宽自己的知识范围和视野。

（二）实现跨学科能力培养的具体方法

为实现高职教育教师队伍中跨学科能力的培养，高职院校需采取多元化和系统化的方法与策略。这些方法和策略应旨在促进教师跨越传统学科界限，融合不同领域的知识和技能，以应对乡村振兴中的多样化和复杂化问题。

一种有效的策略是推动校内外的跨学科合作。高职院校可以与其他院校、研究机构甚至行业企业建立合作关系，创造跨学科学习和研究的机会。这种合作不仅可以为教师提供接触不同领域知识的机会，还能激发新的教学和研究思路。例如，农业科技的教师可以与经济学或社会学的专家合作，共同探讨乡村经济发展中的科技应用问题。

高职院校应开设跨学科课程和研讨会，鼓励教师参与。这些课程和研讨会应涵盖乡村振兴的各个方面，如可持续发展、社区管理、环境保护等，以帮助教师建立起跨学科的知识结构。通过参与这些课程和研讨会，教师不仅能够扩展自己的知识领域，还能学习如何将跨学科内容融入自己的教学中。高职院校还应鼓励教师参与实践项目，特别是那些跨学科性质的项目。通过参与这些项目，教师可以在实际应用中深化对跨学科知识的理解和运用。这种实践经验不仅对教师自身的专业发展有益，也能为教学提供丰富的案例和素材。

高职院校需要为教师提供持续的专业发展支持，包括定期的培训、研讨会及研究资金的支持。通过这些支持，教师能够不断更新自己的知识和技能，保持与时俱进。这也有助于建立一个持续学习和成长的职业文化，鼓励教师积极探索和实践新的教学方法和理念。

跨学科能力的培养是高职教育教师队伍建设的关键环节。通过校内外的合作、跨学科课程和研讨会、实践项目的参与，以及持续的专业发展支持，教师可以有效地培养和提升自己的跨学科能力。这不仅提高了教师自身的专业水平，也为乡村振兴提供了更为全面和深入的教育支持。

四、与乡村企业和社区的合作

在讨论高职教育教师队伍建设与专业化发展时，不可忽视的是与乡村企业和社区的紧密合作。这种合作不仅是教师专业成长的重要途径，也是推动乡村振兴的关键环节。乡村企业和社区合作的本质在于创建一个互动的平台，使得教师能够将理论知识与实际应用紧密结合。这种实践中的学习和教学不仅提升了教师自身的专业素养，也增强了课堂教学的实用性和针对性。特别是在乡村振兴的背景下，教师通过亲身体验企业运营和社区管理的实际情况，能够深入理解乡村振兴的复杂性和挑战性，这种理解远远超出书本知识所能提供的范畴。在教师与乡村企业、社区的互动中，教师不仅是知识的传递者，也成为了学习者。这种角色的转变使得教师能够更好地把握教学内容的时效性和适应性，从而在课堂上提供更加丰富、实用的教学材料。这种合作还为教师提供了一个独特的视角，帮助他们理解和分析乡村地区面临的经济、社会和文化问题，进而能够在教学和研究中提出更加切合实际的解决方案。

有效实施与乡村企业和社区合作的首要任务是建立一个稳定而持久的合作机制，包括但不限于定期的交流会议、共同开展的研究项目、互惠的资源共享等。例如，高职院校可以与当地企业和社区共同开发课程项目，让教师在实际的工作环境中进行教学和研究。通过这种方式，教师能够在实践中不断更新和完善自己的知识体系，同时也为企业和社区的发展贡献自己的专业知识和技能。知识和资源的共享对于双方合作的深化至关重要。这不仅意味着物质资源的共享，更包括信息、经验和技能的交流。例如，企业和社区可以向教师提供第一手的行业资讯和实践经验，而教师则可以将最新的教育理念和研究成果反哺给企业和社区，从而形成良性的互动循环。这种深度合作有助于建立一个共同成长、相互支持的生态系统，不仅促进了教师专业能力的提升，也为乡村的经济社会发展提供了强有力的支持。

与乡村企业和社区的紧密合作对于高职教育教师队伍的建设和专业化发展具有重要意义。这种合作不仅使教师能够在实践中不断学习和成长，也为乡村振兴提供了强大的智力支持和资源共享。因此，高职院校应重视与乡村企业和社区的合作关系，通过建立有效的合作机制和共享策略，推动教师队伍的专业化发展，同时为乡村振兴贡献力量。

五、灵活的职业发展路径

在高职教育领域，为教师提供灵活的职业发展路径是实现教师队伍建设与专业化发展结合的关键策略之一。灵活的职业发展路径意味着教师能够在教学、研究、社区服务等多个方面发展自己的兴趣和专长。这种多元化的职业发展机会不仅能够提升教师的工作满意度和职业成就感，而且对于提高他们对乡村专业化发展的适应性和贡献度具有重要意义。

灵活的职业发展路径对教师而言具有多重价值。从个人职业发展的角度来看，它使教师能够根据自己的兴趣和专长选择不同的发展方向，如专注于教学创新、深入研究、积极参与社区服务等。这种个性化的职业规划有助于激发教师的内在动力，提升工作的热情和效率。从乡村发展的角度来看，灵活的职业路径使教师能够更好地适应乡村振兴的多样化需求。例如，教师在社区服务中获得的经验可以直接反馈到教学和研究中，从而更好地满足乡村社区的实际需求。

为了实现灵活的职业发展路径，高职院校需要为教师提供必要的支持和资源，包括但不限于专业发展的培训、研究项目的支持、教学资源的提供以及与社区合作的机会。例如，高职院校可以通过建立教师发展中心，提供各类培训和工作坊，帮助教师提升教学和研究能力。学校也可以通过提供研究资金或者建立与企业和社区的合作项目，鼓励教师参与实际的研究和社区服务活动。

高职院校应为教师提供多样化的职业发展渠道。多样化渠道主要有教学创新、学术研究、行业合作、社区服务等多个方面。通过这些渠道，教师可以根据自身兴趣和专长选择适合自己的职业发展方向。例如，对教学充满热情的教师可以参与课程设计和教学方法创新的项目，而对研究感兴趣的教师可以参与学术研究或与企业的合作研发项目。

高职院校需为教师提供必要专业发展的培训、研究资金、教学资源和社区合作的机会。例如，学校可以通过建立教师发展中心，提供各类专业培训和工作坊，帮助教师提升教学和研究能力。学校也可以通过提供研究资金或建立与企业和社区的合作项目，支持教师参与实际的研究和社区服务活动。

高职院校应鼓励和支持教师进行跨领域和跨学科的合作。这种合作有助于教师开阔视野，获得新的知识和技能，同时也能激发新的教学和研究灵感。例如，教师可以与不同学科的同事合作，共同开发跨学科课程，或者与社区合作，参与社区发展项目。

灵活的职业发展路径不仅有助于提升教师的工作满意度和职业成就感，而且通过提高教师的教学和研究能力，也能够提高教育质量。教师在不同领域中获得的经验和知识可以帮助学生更好地理解和适应乡村振兴中的多元化需求。

第三节　高职教育学生实习与乡村振兴实践的结合

一、针对性的实习项目设计

在高职教育中，针对性的实习项目设计是连接学生实习经验与乡村振兴实践的重要桥梁。这种设计要求实习项目紧密结合乡村振兴的关键领域，如农业技术、乡村旅游、地方产业发展、社区管理等，确保学生的实习经历不仅是对所学知识的实践应用，而且能够直接贡献于乡村振兴的实际工作。此类实习项目的设计需要基于对乡村振兴战略的深入理解，包括对乡村地区的经济结构、社会需求、文化特色及其面临的挑战的全面分析。基于此，实习项目应该围绕提高乡村地区的经济发展、社会福祉、文化保护、环境可持续性等方面进行构思。这种针对性的实习设计不仅对提升学生的职业技能和综合素质至关重要，也对推动乡村振兴战略的实施具有实际意义。

二、合作伙伴的选择与合作深度

乡村振兴项目或企业作为高职教育学生实习的合作伙伴，其选择标准必须严格。这些实体应当能够提供具有实际意义的工作内容，确保学生能够在实习期间接触到真实的行业环境和挑战。它们还应具备足够的能力来指导学生，包括提供必要的专业知识、技术支持，并能够激发学生的学习兴趣和探究精神。

在选择合作伙伴时，高职院校应考虑多个因素。首要的是合作单位的行业地位和专业能力。企业在乡村振兴领域的影响力和实际成效是重要的考量标准，这不仅能确保学生能够学习到行业前沿的知识和技术，同时也能让他们了解和参与到真实的乡村振兴项目中。合作伙伴的教育理念和实习指导能力也非常关键。理想的合作单位应能够认同高职教育的培养目标，愿意投入资源进行学生指导，确保实习过程既有教育意义又有实践价值。

确定合作伙伴后，深化合作关系是实现教育目标的关键步骤。这需要建立一个多层次、互动性强的合作模式，确保学生在实习过程中能够得到充分的学习和成长。一个有效的合作模式应包括但不限于以下几个方面。第一，合作双方应共同开发和实施针对性强的实习计划，确保实习内容既符合教育大纲的要求，又能够深入探讨乡村振兴的实际问题。第二，合作双方应进行定期的沟通和反馈，以保证合作质量。通过定期的会议、报告和评估，双方可以及时调整合作内容和方式，确保实习活动的效果最大化。第三，专业导师的角色在此过程中不可或缺。他们不仅是知识和技能的传授者，更是学生与企业之间的桥梁，确保学生能够在实习中获得真正的成长和学习。

三、实习成果的应用与反馈

在高职教育中，实习成果的应用是学生实习经验与乡村振兴实践结合的核心环节。鼓励学生将实习中获得的知识和经验直接应用于解决乡村振兴中的实际问题，不仅是对学生能力的重要考验，也是实现教育与地方发展紧密结合的有效途径。实习成果的应用涉及多个层面，包括但不限于农业技术的改进、乡村旅游的策划、社区管理的优化、地方产业的发展等。学生在实习期间所获得的实践经验和技能，如果能直接应用于乡村振兴的具体项目中，不仅能增强学生的实践能力和问题解决能力，还能提供对乡村振兴实际效果的直接贡献。

四、跨学科实习项目的开展

在高职教育中，跨学科实习项目的设计和实施是连接学生实习经验与乡村振兴实践的重要环节。这种实习项目的核心目标是使学生能够从多个学科的视角理解和参与乡村振兴的过程，从而培养他们的综合能力和创新思维。例如，结合农业科学、社会学、环境科学、经济学等学科知识的跨学科实习项目不仅能提供丰富的学习内容，还能增强学生在解决复杂问题时的综合思考能力。设计这类实习项目时，应遵循几个基本原则。第一，项目应紧密结合乡村振兴的实际需求，确保学生的实习活动与乡村地区的发展目标和挑战相一致。第二，项目设计应跨越传统学科界限，融合多学科的理论知识和实践方法，以促进学生的全面发展。第三，项目应具有实用性和创新性，鼓励学生应用所学知识解决实际问题，并在此过程中培养创新思维和批判性思考能力。

五、实习期间的持续指导与支持

在高职教育中，实习期间提供持续的指导和支持对于确保学生能够最大化实习效果至关重要。这种持续的指导和支持不仅帮助学生解决实习中遇到的具体问题，还能引导他们深入理解乡村振兴的复杂性和挑战。特别是在面对跨学科和多元化的实习项目时，学生可能会遇到一系列未曾预料的问题和困难。因此，定期的导师辅导、问题解决会议、实习日志记录和评估等成为了确保实习质量的关键环节。

第四节　高职教育持续评估与教学质量提升的结合

一、建立与乡村振兴目标相一致的评估体系

（一）乡村振兴目标与评估体系的对应关系

在高职教育领域内，评估体系必须与乡村振兴的目标紧密相连，确保教育的目的和成效与地方发展的实际需求同步。这种评估体系的转变，从侧重于学术成绩的传统模式，转向更加重视学生将所学知识和技能应用于乡村振兴实务的综合评估模式，标志着高职教育的重大发展和创新。这种评估体系的核心在于如何有效地将学生的学习成果与乡村振兴的具体需求相结合。评估标准中融入了对学生在乡村发展关键领域的知识掌握和应用能力的考量，如在农业发展、环境保护等方面的实际操作和创新思考能力。这样的评估不

仅衡量学生的理论知识，更重要的是评价他们如何将这些知识转化为实际行动，以及这些行动对乡村振兴的实际贡献。

评估体系的创新还体现在对学生社会责任感和可持续发展意识的重视。通过评估学生在这些方面的表现和理解，高职教育不仅传授专业知识，还培养学生的责任意识和长远视角，使他们成为既具备专业技能又有社会责任感的人才。这种评估方式鼓励学生在乡村振兴实践中采取可持续和对社会负责的行动。

评估体系还强调学生的实际操作能力，特别是在解决乡村实际问题方面的实践能力。这种能力的培养和评估对于学生将来在乡村振兴工作中的实际表现至关重要。通过这样的评估，学生不仅学会了理论知识，更重要的是学会了如何将这些知识应用于实际情境中，解决具体问题。

（二）评估体系实施的方法与影响

在高职教育中实施与乡村振兴目标相一致的评估体系，需要高职院校采取创新和多元化的方法包括但不限于项目评估、案例分析和实地调研报告等，这些评估工具和方法能够更全面、更准确地反映学生的综合能力和实际应用水平。这种综合性的评估不仅涵盖了学生的知识掌握情况，还包括了他们的实际操作能力、创新思维和问题解决能力。

为了确保评估体系与乡村振兴的最新需求和挑战保持一致，高职院校需要定期更新评估标准。更新评估标准的过程中，不仅要基于学术发展的最新成果，还要考虑乡村振兴领域的动态变化和实际需求。学校应与行业专家、地方政府等密切合作，确保评估标准既具有实际应用价值，又能够引导学生朝着乡村振兴的目标发展。

评估体系的有效实施还需要对教师进行专业的培训和指导，使他们能够熟练掌握新的评估方法和工具。教师在这个过程中扮演着关键角色，不仅是作为知识的传递者，更是作为引导者和评估者，他们需要能够准确理解和应用评估标准，有效地指导和评价学生的学习成果。

实施这种评估体系对高职教育产生深远的影响。通过这种评估方式，教育内容和方法能够更加紧密地与乡村振兴的实际需求相结合，提高教育的针对性和实用性。通过激励学生将所学知识和技能应用于解决实际问题，这种评估方式增强了学生的实践能力和社会责任感。这种评估体系还为高职院校提供了宝贵的反馈，有助于院校不断优化教育内容和教学方法，提高教育效果，为乡村振兴培养出更多具备实际操作能力和创新思维的优秀人才。

二、定期反馈与教学内容的动态调整

在高等职业教育领域，实现教学内容的连续更新和提升，以满足乡村振兴的动态需求，是一个多层次、综合性的挑战。这个过程涉及两个关键方面：定期反馈的收集及教学内容的动态调整。

在定期反馈的收集方面，高职教育机构需要建立一个全面而有效的反馈系统，确保能够及时收集来自乡村社区、企业和政府部门的宝贵意见。这种系统不仅包括传统的调查问卷和访谈，还应包括更加互动的方法，如工作坊、研讨会和实地考察。通过这些多元化的反馈渠道，教育机构能够获得关于乡村振兴的最新趋势、挑战和需求的第一手信息。重要的是，这些信息不仅是被动接收，还需要通过专门的团队进行深入分析，转化为可操作的教学建议和指导。

在教学内容的动态调整方面，基于收集到的反馈信息，教育机构必须对课程内容进行持续的审查和更新。这个过程要求教师团队不断地调整和优化他们的教学方法和材料，以确保所教授的内容既科学又实用，能够紧跟乡村振兴领域的最新发展。为了实现这一目标，鼓励教师参与持续的专业发展是至关重要的，包括参加行业研讨会、学术会议和其他形式的职业培训。教育机构应与乡村社区、企业和政府部门建立稳固的合作关系，从而确保教学内容不仅理论上合理，更在实践中有效。

通过这样的系统性方法，高职教育可以确保其教学内容始终与乡村振兴的实际需求和最新发展保持同步。定期的反馈收集和教学内容的动态调整，共同构成了一个持续改进和优化教学的循环系统。这不仅提升了教学质量，而且能够确保学生获得最新、最相关的教育，为他们未来的职业道路奠定坚实的基础。这种教学模式的核心在于适应性和灵活性，能够迅速响应乡村振兴领域的变化，从而为学生提供与时俱进的知识和技能，为他们在乡村振兴中发挥作用做好准备。

三、加强教师培训和专业发展

随着乡村振兴策略的深入实施和科技领域的快速演进，教师在教学内容和方法上面临着不断的更新和调整。这种变化不仅涉及知识的传递，还包括教学方法和学生引导技巧的革新。因此，高职院校需要为教师提供与乡村振兴相关领域的持续培训、研讨会和学术交流活动，这不仅是更新知识的重要渠道，也是提升教学水平和适应教学需求的关键途径。

专业培训和发展计划的核心在于确保教师能够及时掌握行业动态、先进的教学理论和创新的实践方法。这种培训和发展不仅限于传统的教育领域，更应关注乡村振兴的关键领域，如农业科技进步、乡村社区管理方式的革新，以及可持续发展实践的最新策略。参与这些活动使教师能够从多维度理解乡村振兴的复杂性和挑战，进而在教学中运用创新方法，为学生提供实用、前瞻的知识和技能。这种深入的理解和知识更新不仅有助于教师在课程设计和实施中更加高效，也能够激发创新教学方法和策略的采用，进而提高教学过程的互动性和学生的参与度。

为确保教师专业培训和持续发展的有效实施，高职院校应采取综合性策略，着重于建立持续的学习和发展环境。定期组织的专业培训和研讨会是此类策略的核心，这些活动提供了一个平台，让教师能够接触到最新的行业动态和学术研究成果。通过邀请行业专家和学术领袖分享他们的经验和见解，教师能够获得宝贵的洞见，这些洞见不仅有助于他们在教学中采用更有效的方法，还能激发其对新领域的探索兴趣。鼓励教师参与学术交流和合作研究项目，是另一种有效的策略。这种参与不仅促进了知识和技能的共享，还加强了教师之间的协作，从而提高了整体教学团队的能力。

　　高职院校应致力于为教师提供必要的资源和支持，以促进其专业成长，包括提供研究资金、更新教学设备和改善工作环境等措施。这些资源和支持不仅使教师能够更有效地进行研究工作，也有助于提升教学和学习的质量。对教师而言，这种支持是实现职业发展和维持教学热情的重要因素。当教师感到被学校支持和重视时，他们更有可能在教学和研究上取得创新和突破。因此，高职院校需要认识到，投资于教师的专业发展不仅有益于教师个人，对提升整个教育体系的质量和效率同样至关重要。

四、实践教学和理论教学的有效结合

　　在高等职业教育领域，实践教学和理论教学的有效结合是实现教学质量提升和持续评估的核心组成部分。这种结合旨在通过实际操作和理论学习的相互补充，为学生提供一个全面而深入的学习体验。

　　实践教学和理论教学的有效结合是高职教育质量提升的关键。通过将理论学习和实际操作相结合，学生不仅能够获得全面的知识和技能，还能够更好地适应乡村振兴领域的实际需求。这种教学模式要求教育机构、教师和行业合作伙伴共同努力，确保教学内容的持续更新和优化，为学生提供一个充满挑战和机遇的学习环境。

五、培养学生的批判性思维和问题解决能力

　　在高职教育中，培养学生的批判性思维和问题解决能力是教学质量提升的关键要素。这些能力对于乡村治理和振兴尤为重要，因为它们能够帮助学生在面对乡村振兴过程中的复杂和多变问题时，进行独立思考和创新解决。批判性思维能力使学生能够超越表面现象，深入分析问题的根本原因和可能的解决方案。问题解决能力则使学生能够将理论知识应用于实际情境，创造性地解决实际问题。

　　在乡村振兴的背景下，学生面临的挑战不仅是技术性或理论性的问题，

更多的是涉及社会、经济、环境等多方面因素的复合性问题。例如，如何在促进乡村经济发展的同时保护环境、维护社会公正，需要学生运用批判性思维进行综合分析，并运用问题解决能力寻找平衡点。因此，培养这些能力对于高职学生能否有效参与乡村振兴具有决定性的影响。

为了强化学生的批判性思维和问题解决能力，高职院校需要采用多种教学策略，包括实施以学生为中心的教学方法，如案例研究、项目式学习和辩论等，这些方法能够激发学生主动探索和深入思考。通过参与这些活动，学生被鼓励去质疑、分析和评估不同的观点和信息，从而培养其批判性思维。

教师可以设计与实际乡村振兴案例相关的课程内容和讨论主题，使学生能够直接面对真实的问题并寻求解决方案。这种实践导向的学习方法有助于学生将理论知识与现实问题相结合，提高其问题解决能力。教师还可以通过定期的反思和评估，帮助学生识别自己在思考和解决问题过程中的不足，从而促进其能力的持续提升。

强化学生的批判性思维和问题解决能力是高职教育持续评估与教学质量提升不可或缺的部分。通过实施以学生为中心的教学方法和实践导向的学习，学生不仅能够提高其批判性思维和问题解决能力，还能够更好地适应乡村振兴的复杂挑战，为未来的职业生涯和社会发展作出贡献。

第七章　高等职业教育服务乡村振兴的创新路径

第一节　跨学科课程的开发创新

高等职业教育在服务乡村振兴的过程中，跨学科课程的开发创新发挥着关键作用。通过整合多学科资源，课程设计不仅为学生提供了全面了解乡村振兴需求的平台，还培养了他们的综合分析和问题解决能力。理论与实践的紧密结合，通过案例分析、实地考察、项目实践等方法，使学生能够将所学知识应用于实际问题的解决中。强调对学生的创新意识和批判性思维的培养，以及应用性教学的实施，进一步提升了学生的实际操作能力和创新能力。最后，通过借鉴成功案例设计的模拟实践活动，为学生提供了实际操作和团队合作的机会，这些都是高等职业教育适应乡村振兴需求、培养复合型人才的重要途径。

一、整合多学科资源，开发综合性课程

课程设计通过整合农业科学、经济管理、社会学、环境科学等多个学科的资源，不仅为学生提供了一个全面了解乡村振兴各方面需求的平台，还培

养了他们的综合分析和问题解决能力。例如，将农业技术与市场营销相结合的课程，不仅教授学生如何运用现代技术提高农业生产效率，还涵盖了如何将农产品有效地推向市场的策略。这样的课程设计使学生能够全面了解乡村产业链的各个环节，从而在乡村振兴中发挥关键作用。

跨学科课程的开发还强调理论与实践的紧密结合，这对于学生的实际操作能力和实践经验的积累至关重要。通过案例分析、实地考察、项目实践等教学方法，学生能够将课堂上学到的理论知识应用于实际问题的解决中。例如，在学习现代农业技术的学生可以参与到真实的农业生产项目中，亲身体验和解决农业生产过程中的实际问题。这种实践经验不仅加深了学生对农业科技的理解，也提高了他们解决实际问题的能力，为他们未来在乡村振兴中的实际工作打下坚实的基础。

在教学过程中，通过鼓励学生进行独立研究、团队合作、创新项目设计等活动，学生的创新意识和批判性思维能力得到了显著提升。例如，学生可以围绕乡村振兴的主题，设计创新的农业技术方案或乡村发展规划，通过团队合作和项目实践，提高他们的创新能力和实际操作能力。这种创新和批判性思维的培养对于学生适应快速变化的社会和经济环境具有重要意义，特别是在乡村振兴的多元化和复杂性背景下。

在当前快速发展的社会中，终身学习成为个人发展的必要条件。因此，这些课程设计鼓励学生自主探索新知识，培养他们的自我学习和自我更新能力。例如，通过提供在线学习资源、开放式课题研究等方式，学生被鼓励自主探索新的知识领域，培养他们的自主学习能力，为适应未来的职业生涯和社会变化打下坚实的基础。

二、强调实际问题解决的应用性教学

强调实际问题解决的应用性教学的模式通过将理论知识与实际问题紧密结合，不仅增强了学生对理论知识的理解和应用能力，也培养了他们解决复杂问题的能力。

应用性教学的核心在于将教学内容与实际问题紧密结合。在这种教学模式下，教师不再仅是知识的传授者，而是成为引导者和协助者，引导学生将学到的理论知识应用于解决实际问题。例如，在乡村振兴相关的课程中，可以引入实际的乡村发展案例，让学生分析和讨论这些案例中的问题，并寻找解决方案。这种基于问题的学习方法能够激发学生的学习兴趣，提高他们的参与度和学习效果。

通过分析具体的乡村振兴案例，学生不仅能够了解理论知识在实际中的应用，还能够学习如何分析问题、提出解决方案。案例分析的过程中，教师可以引导学生从不同角度审视问题，鼓励他们进行批判性和创新性思考。这种教学方法有助于培养学生的综合分析能力和创新能力。

项目式学习是另一种有效的应用性教学方法。在这种教学模式下，学生需要围绕一个具体的项目进行研究和实践。通过参与具体的项目，学生不仅能够将理论知识应用于实际，还能够在实践中学习新的技能和知识。项目式学习的过程中，学生需要进行团队合作，这不仅提高了他们的团队协作能力，也锻炼了他们的领导能力和沟通能力。在解决实际问题的过程中，学生需要运用创新思维来寻找解决方案。教师可以通过提供创新工具和方法，如思维导图、头脑风暴等，帮助学生开发他们的创新潜能。通过这种方式，学生不仅能够解决实际问题，还能够在解决问题的过程中产生新的创意和想法。

三、促进学科间的知识和技能转移

促进学科间知识与技能转移的重要性在于其能有效拓展学生的认知边界，并增强其在实际工作中的适应性与创新能力。在高等职业教育的背景下，这种跨学科的知识和技能转移显得尤为重要。具体来说，环境保护与农业生产的结合，以及经济学理论在乡村旅游开发中的应用，都是促进学科间知识和技能转移的典型例子。这种转移不仅能够促进学生综合素质的提升，还能为乡村振兴提供多元化的支持和创新动力。

环境保护知识在农业生产中的应用是一个明显的知识转移案例。在传统的农业生产过程中，环境保护往往不被充分重视，这导致了土壤退化、水资源浪费、生态失衡等问题。通过将环境保护的知识融入农业生产的过程中，可以有效地解决这些问题。例如，采用可持续农业实践，如轮作、有机耕作、自然害虫管理等，不仅能够提高农作物的质量和产量，还能保护和恢复生态系统。这种跨学科的知识转移，实质上是对传统农业生产模式的重大创新，它不仅提高了农业生产的效率和可持续性，还有助于保护自然环境，从而实现经济发展和生态保护的双赢。

经济学理论在乡村旅游开发中的应用则是另一个知识转移的范例。乡村旅游作为一种新兴的旅游模式，不仅能够为乡村地区带来经济收益，还能促进当地文化和传统的保护。运用经济学理论，如市场定位、消费者行为分析、供需平衡等，可以更有效地开发乡村旅游资源。例如，通过对目标市场的准确定位，可以吸引特定类型的游客，满足他们的特定需求，从而提高旅游服务的质量和效率。运用经济学理论分析乡村旅游的供需关系，可以更好地平衡旅游资源的开发和环境保护的需要，确保乡村旅游的可持续发展。这种跨学科的知识转移，不仅为乡村旅游业的发展提供了科学的理论支持，也为实现经济效益和生态保护的平衡提供了新的思路。

促进学科间的知识和技能转移对于高等职业教育和乡村振兴都具有重要意义。这种转移不仅能够拓宽学生的知识视野，提高其适应性和创新能力，还能为乡村振兴提供多元化的支持和创新动力。

四、借鉴成功案例，设计模拟实践活动

借鉴成功案例并设计模拟实践活动是一种创新的教学方法，尤其适用于乡村振兴相关课程。这种方法通过模拟真实的乡村振兴项目，让学生在实践中学习和应用知识，从而提高他们的实际操作能力和问题解决能力。

以杭州职业技术学院的电梯培训项目为例，该项目通过模拟电梯维修和管理的实际情境，使学生能够在实践中学习电梯技术和管理知识。借鉴这一

成功案例，高职院校可以设计与乡村振兴相关的模拟实践活动。例如，可以创建模拟的乡村振兴项目，让学生参与到项目的规划、实施和管理中。在这个过程中，学生不仅能够了解乡村振兴的实际情况，还能够学习如何制订有效的乡村振兴计划，如何解决实施过程中可能遇到的问题。模拟实践活动的设计应紧密结合乡村振兴的实际需求。例如，可以设计一个关于乡村旅游开发的模拟项目，让学生分析乡村的旅游资源，制订旅游开发计划，设计旅游产品。通过这种活动，学生不仅能够学习旅游规划和管理的知识，还能够了解乡村旅游市场的实际需求和发展趋势。

乡村振兴是一个复杂的过程，涉及农业、经济、社会、环境等多个领域。因此，模拟实践活动应综合这些领域的知识，让学生在实践中学习如何综合运用不同领域的知识解决问题。例如，在乡村旅游开发的模拟项目中，学生不仅需要了解旅游管理的知识，还需要了解农业知识、环境保护知识、社会文化知识等。在实际的乡村振兴项目中，团队合作和有效沟通是成功的关键。因此，模拟实践活动应设计成团队项目，鼓励学生进行团队合作，提高他们的沟通能力和团队协作能力。通过这种方式，学生不仅能够学习专业知识，还能够锻炼在实际工作中必需的软技能。

第二节　以学生实践为中心的教学方法创新

高等职业教育服务乡村振兴的教学方法创新突出了实践与理论的结合、学生主导学习的重要性、实习与实训的多样化及深入性，以及反思和评估的强化。这些教学创新不仅提升了学生的专业技能和综合素质，还培养了他们的创新思维和解决问题的能力。通过这些方法，学生能够更好地适应乡村振兴的实际需求，为社区的持续发展作出贡献。教学方法的这种创新不仅提高了教育的实用性和针对性，还为培养能够适应乡村振兴需求的复合型人才打下了坚实的基础。

一、实践项目与课堂教学的紧密结合

在高等职业教育服务乡村振兴的过程中，以学生实践为中心的教学方法创新成为一条关键路径。这种教学方法的核心在于将理论知识与实践经验相结合，使学生能够在真实的工作环境中应用所学知识，从而加深对专业知识的理解，并培养实际解决问题的能力。

（一）实践项目与课堂教学的紧密结合

在高等职业教育领域中，实践项目与课堂教学的紧密结合不仅是教学创新的关键，更是培养学生综合能力的重要途径。这种教学模式通过将理论知识与实际操作紧密相连，极大地提高了学生的学习动力和实践技能。在乡村振兴相关课程中，学生参与的农业改良、社区发展规划或乡村旅游推广等项目，不仅是对理论知识的应用，更是对学生综合素质的全面锻炼。在这些实践活动中，学生不仅能够深入理解专业知识的实际应用，还能够在解决实际问题的过程中提升自己的创新思维和批判性思维能力。例如，参与乡村旅游推广的学生需要综合考虑市场需求、文化特色、可持续发展等多方面因素，这不仅锻炼了他们的市场分析能力，也提高了他们对复杂问题的综合解决能力。

（二）学生能力的全面发展

以学生实践为中心的教学方法在高等职业教育中的应用，特别强调了学生能力的全面发展，这不仅涵盖了专业技能的提升，更包括了团队合作、创新思维、领导能力等综合素质的培养。在参与乡村振兴相关项目的过程中，学生有机会在真实的工作环境中应用所学知识，同时在多方面得到锻炼和提升。例如，在乡村旅游开发项目中，学生不仅需要运用专业知识制定旅游策略，还要学会如何在团队中有效沟通、协调各方资源，并在项目实施过程中展现领导才能。这种全方位的技能培养，使学生能够更好地适应未来职场的多元需求，特别是在乡村振兴这一复杂且多变的领域中。

这种教学方法通过鼓励学生在实践中主动探索和解决问题，有效地促进了他们创新思维的发展。面对乡村振兴过程中的各种挑战，学生被激励去思考非传统的解决方案，如通过创新的营销策略或服务模式来吸引游客，或者通过可持续的农业技术来提高农业生产效率。这种创新能力的培养对于学生未来在乡村振兴中的创新和领导角色至关重要。

（三）对乡村振兴的具体贡献

以学生实践为中心的教学方法在乡村振兴中的具体贡献显著，体现在学生通过参与实践项目对乡村社区产生的直接正面影响。在这种教学模式下，学生不仅在实践中学习和锻炼，更在乡村振兴的实际工作中发挥作用，成为推动当地发展的重要力量。例如，在参与乡村农业改良项目时，学生通过应用新技术和方法，直接提升了农作物的产量和质量，这不仅增强了当地农业的竞争力，也为乡村经济的发展注入了新动力。在乡村旅游项目中，学生的创新思维和新策略的提出，如针对特定市场的营销策略或提升旅游体验的服务模式，为当地旅游业的振兴带来了新的机遇。这种教学方法的另一个显著贡献在于它促进了学生对乡村振兴全过程的深入理解。通过亲身参与乡村项目，学生不仅能够看到他们的工作如何直接影响乡村社区，还能够理解乡村振兴的复杂性和挑战性。这种深入的参与和体验使学生能够更好地了解乡村社区的需求，为他们未来在乡村振兴领域的工作提供了宝贵的经验。学生在实践中获得的经验和见解能够反馈到课堂教学中，促进教学内容的不断更新和完善，形成了理论与实践相结合的良性循环。这种循环不仅提升了教学质量，也为乡村振兴带来了新的思路和方法。

二、学生主导的项目式学习

（一）激发学生的主动性和创造性

学生主导的项目式学习的首要优势在于能够极大地激发学生的主动性和

创造性。在这种学习模式下，学生被赋予了更大的自由度来探索和解决实际问题，这不仅要求他们理解理论知识，而且要能够将这些知识应用于实际情境中。例如，面对农产品销售不畅的问题，学生需要运用市场调研、产品定位、品牌建设等知识来设计一套解决方案。这个过程不仅涉及专业知识的应用，还包括市场分析、用户需求研究等多个方面，从而促进学生综合思考和创新能力的提升。通过主导实际项目，学生可以直接感受到自己的工作对于乡村振兴的影响，这种实践的意义远远超过传统课堂教学。他们在解决实际问题的过程中，不仅能够增强对专业知识的理解，还能锻炼解决复杂问题的能力，这对于未来的职业生涯是极为宝贵的经验。

（二）培养团队协作和项目管理能力

学生主导的项目式学习同样重视团队协作和项目管理能力。在实践项目中，学生往往需要与同伴协作，共同完成复杂的任务。这种合作过程不仅包括知识和技能的整合，还涉及沟通协调、责任分担、冲突解决等多个层面。例如，在一个关于乡村旅游开发的项目中，学生可能需要分工合作，一部分同学负责市场调研和分析，另一部分同学负责产品设计和推广策略。这种多角色的团队工作不仅提升了学生的协作能力，还锻炼了他们在不确定环境下的应变能力。项目管理能力的培养也是学生主导项目式学习的重要组成部分。在项目实施过程中，学生需要学习如何制订实际可行的计划，如何有效分配和利用资源，以及如何监控项目进展并及时调整策略。这种经验的积累对于学生日后在乡村振兴项目中的参与和管理具有深远的意义。

（三）为乡村振兴提供实际支持和创新方案

学生主导的项目式学习还直接为乡村振兴提供实际的支持和创新方案。学生在项目中不仅学习理论知识，还将这些知识应用于解决实际问题。例如，在一个关于提高农村地区互联网普及率的项目中，学生可能需要考虑如何利用现代信息技术提升农民的数字技能，或者如何通过网络平台推广当地农产品。这些项目不仅解决了具体的乡村问题，还为当地的社会经济发展注入了新的活力。这种以实践为中心的学习方法使学生能够直接参与到乡村振兴的过程中，他们的项目成果往往能够提供新颖的视角和创新的解决方案，对于推动乡村振兴具有重要的实践意义。学生在这个过程中所获得的经验不仅对他们个人的职业发展有益，也为乡村社区的持续发展作出了贡献。

三、实习与实训的多样化与深度化

在高等职业教育服务乡村振兴的过程中，实习与实训的多样化与深度化是关键的教学创新路径之一。这种多样化和深度化的实习与实训不仅局限于传统的企业环境，还应该延伸至乡村社区、非政府组织、乡村创业项目等，为学生提供全方位的实践体验。

（一）实习与实训的场域拓展

实习与实训的场域拓展在高等职业教育中扮演着至关重要的角色，特别是在培养学生对乡村振兴全面理解的过程中。通过将实践学习环境从传统的企业背景扩展到乡村社区、农业合作社、环境保护项目、乡村旅游开发等多元化领域，学生得以直接参与到乡村振兴的各个方面，从而获得更为全面和深入的实践经验。在这些多样化的实习与实训场域中，学生不仅能够学习到专业技能，还能够深入理解乡村社区的文化、经济和社会结构，以及乡村振兴过程中面临的挑战和机遇。例如，参与乡村社区实习的学生，通过协助实施社区治理计划或参与文化保护项目，能够直接观察和分析乡村社区的运作模式，理解乡村文化的价值和保护的重要性。这种实践经验不仅丰富了学生的学术知识，也为他们将来在乡村振兴领域的工作提供了宝贵的实践基础。

（二）针对性实训项目的设计

针对性实训项目的设计在高等职业教育中发挥着至关重要的作用，尤其是在培养学生针对乡村振兴的专业技能和实际应用能力方面。这类实训项目通过聚焦于乡村振兴的特定领域，如农业技术创新、乡村旅游规划或农产品市场营销，为学生提供了深入了解和解决实际问题的机会。在这些项目中，学生不仅能够将课堂所学的理论知识应用于实际情境，还能够通过实践活动深化对乡村振兴策略和方法的理解。例如，在农业技术创新项目中，学生可以探索和实践最新的农业技术，了解这些技术如何促进农业生产效率的提升和可持续发展。在乡村旅游规划项目中，学生则有机会分析乡村旅游市场的需求，设计吸引游客的旅游产品和服务。这种针对性的实训不仅丰富了学生的专业知识，还提高了他们解决实际问题的能力，为他们未来在乡村振兴领域的职业发展打下了坚实的基础。

（三）跨学科技能的整合与应用

跨学科技能的整合与应用在高等职业教育中占据了核心地位，尤其是在为乡村振兴服务的实习与实训项目中。这种整合不仅促进了学科间的相互渗透和知识的互补，还极大地提高了学生应对复杂乡村振兴问题的能力。例如，在乡村社区发展项目中，学生可能需要利用社会学理论来分析社区动态，运用经济学原理来评估和优化经济活动，同时应用环境科学知识来确保可持续发展。这样的跨学科应用不仅丰富了学生的学术视野，还培养了他们在实际工作中综合运用多学科知识的能力。通过这种综合性学习，学生能够更深刻地理解乡村振兴的复杂性和多维度特征，从而在实际工作中更加有效地制定和实施乡村振兴策略。

（四）实习与实训的结果反馈与评估

在高等职业教育中，对实习与实训成果的全面评估是提升教学质量和学生能力的关键环节。这种评估机制不仅侧重于学生在实践中所展示的具体技能，更重要的是对其创新思维、问题解决能力，以及团队协作精神的全面考察。通过这种深入的评估，教育者能够准确地把握学生在实践中的表现，从而为他们提供针对性的指导和反馈。这不仅有助于学生识别自身的长处和短板，更重要的是能够激发他们对知识的深入探索和对技能的持续完善。这种评估过程还促进了教学内容与实践需求之间的紧密联系，确保教学活动能够有效地响应乡村振兴的实际需求，从而提高教育的实用性和针对性。

（五）实习实训与课堂教学的有效结合

实习与实训与课堂教学的有效结合是高等职业教育中实现学生全面发展的关键策略。这种结合方式确保了学生能够在理论学习和实践应用之间建立起有机的联系，从而促进了对知识的深入理解和技能的实际应用。在这个过程中，课堂教学不仅为学生提供了乡村发展的理论基础，还激发了他们对实际问题的思考，而实习与实训环节则为学生提供了将理论知识应用于实际情境的机会。例如，学生可以将课堂上学习的乡村振兴策略运用到实习项目中，通过实践活动检验理论的有效性。实习中遇到的具体问题和挑战可以带回课堂，进行深入讨论和分析，这不仅有助于学生对问题的深刻理解，也促进了他们批判性思维和解决问题能力的发展。通过这种双向互动的教学模式，学生能够更加全面地掌握乡村振兴的知识体系，为未来在乡村振兴领域的工作打下坚实的基础。

四、反思和评估的强化

在高等职业教育服务乡村振兴的创新路径中，对学生实践活动的反思和评估环节扮演着至关重要的角色。这一环节不仅是对学生实践技能和知识应用的检验，更是促进学生深度学习和个人成长的关键步骤。反思和评估的过程使学生能够从实践中提炼经验，深化理解，并在此基础上提升自身的批判性思维和问题解决能力。

通过分享会，学生可以交流各自在实习或实训中的体验、挑战和收获，这不仅有助于彼此学习和启发，还能够促进学生对自身经历的深入反思。在这些交流中，学生能够听取同伴的观点和建议，从而获得不同的视角和思考方式。教师在这一过程中扮演着引导者的角色，通过提问和讨论引导学生深入分析和反思，帮助他们从实践中提取有价值的教训和见解。

进行项目评审和实习报告撰写是强化反思和评估的另一关键环节。项目评审不仅是对学生实践成果的评价，更是对其实践过程的审视。在评审过程中，学生需要展示自己的项目成果，并对项目的规划、执行和结果进行全面的分析和评估。这种评估过程促使学生批判性地审视自己的工作，识别项目中的优点和不足，从而在未来的实践中不断改进和提高。实习报告的撰写则要求学生系统地总结自己的实习经历，包括所遇到的挑战、所采取的策略、所获得的成果，以及个人的成长和变化。通过撰写实习报告，学生能够更加深入地反思自己的实习经历，提炼出宝贵的经验和教训。

反思和评估的强化过程不仅提升了学生的专业技能和实践能力，还培养了他们的自我反思能力、批判性思维和综合分析能力。这些能力对于学生未来在乡村振兴领域的工作至关重要，使他们能够更加有效地应对挑战，提出创新的解决方案，并在实践中不断学习和成长。因此，反思和评估的强化不仅是教学方法的创新，更是培养能够适应乡村振兴需求的复合型人才的关键途径。

第三节　乡村创业教育与实践的创新

高等职业教育在服务乡村振兴的过程中，通过创新乡村创业教育和实践方法，例如，结合乡村特色的创业课程开发、鼓励学生参与乡村创业项目、建立乡村创业实践基地，以及提供创业指导和孵化支持，有效地培养了学生的创业能力和实践技能。这些方法不仅加强了理论与实践的结合，还为学生提供了真实的商业环境体验和多元化的学习环境。通过这些创新路径，学生能够在实际的商业环境中学习和成长，积累宝贵的创业经验，提升自身的职业技能和创业能力。这种教育模式不仅为学生的个人发展提供了支持，也为乡村振兴贡献了新的力量，展现了高等职业教育在乡村振兴中的重要作用和价值。

一、结合乡村特色的创业课程开发

在高等职业教育服务乡村振兴的创新路径中，乡村创业教育和实践的创新是关键组成部分。特别是在结合乡村特色的创业课程开发方面，需要进行深入的探讨和实践。这类课程的设计和实施不仅要包含传统的创业理论和技能，还需深入涉及乡村市场分析、农业创新、乡村旅游开发等领域，从而确保学生能够获得与乡村振兴直接相关的创业知识和技能。

乡村创业教育的核心在于理解乡村市场的特殊性和需求。这意味着创业课程的设计需要基于对乡村经济结构、文化背景及社会需求的深入理解。例如，乡村市场分析不仅涉及对当地经济活动的研究，还包括对乡村消费者行为、地方政策及市场潜力的综合评估。这样的分析有助于学生在制订创业计划时，能够更加准确地定位目标市场，制定符合乡村特点的营销策略。农业创新是乡村振兴的重要方面，也是乡村创业教育中不可或缺的一环。创业课程中应包含现代农业技术、可持续农业实践，以及农业产品的加工和销售等内容。例如，教学中可以引入智能农业技术的应用案例，让学生了解如何通过技术创新提高农业生产效率和产品质量。课程中还应关注农产品的附加值提升，如农产品品牌建设、农村电商发展等，这些都是当前乡村振兴中的热点问题。

乡村旅游开发也是乡村创业教育的重要组成部分。创业课程应涵盖乡村旅游规划、乡土文化的挖掘与利用、生态旅游的开发等。通过这些课程，学生可以学习如何将乡村的自然资源和文化遗产转化为旅游产品，如何设计吸引游客的乡村旅游路线，以及如何平衡旅游发展与生态保护的关系。这些知识和技能对于推动乡村经济的多元化发展具有重要意义。

通过对乡村市场分析、农业创新、乡村旅游开发等方面的深入教学，能够为学生提供全面的创业知识和技能，从而更好地服务于乡村振兴。这不仅有助于学生在未来的创业活动中取得成功，也对促进乡村经济的持续发展和繁荣具有重要作用。

二、鼓励学生参与乡村创业项目

在高等职业教育服务乡村振兴的框架中，鼓励学生参与实际的乡村创业项目是一种创新且有效的教学路径。这一做法不仅将理论知识与实践紧密结合，还为学生提供了一个真实的商业环境，从而有助于他们积累创业经验并提高创业成功率。

参与乡村创业项目使学生能够在真实的商业环境中应用所学的理论知识。参与这些项目还能够让学生积累宝贵的创业经验。在实际的创业过程中，学生不仅要运用专业技能，还要展现出良好的沟通能力、团队合作精神和领导力。

鼓励学生参与乡村创业项目是高等职业教育服务乡村振兴的一个重要创新路径。这一做法不仅将理论与实践相结合，还为学生提供了一个理想的学习和成长环境。通过参与这些项目，学生不仅能够学习到实际的创业技能和知识，还能够积累宝贵的商业经验和综合素质，为未来的创业活动和职业发展打下坚实的基础。

三、建立乡村创业实践基地

在高等职业教育推动乡村振兴的创新路径中，建立乡村创业实践基地是一个关键环节，它提供了一个实地参与创业的平台，使学生能够直接参与到乡村创业的实际过程中。这种实践基地的设立，无疑为高职教育中的乡村创业教育带来了新的维度和机遇。

乡村创业实践基地的建立为学生提供了一个接触真实商业环境的机会。在这些基地中，学生不仅可以将课堂上学到的理论知识应用于实际情境，还能够直接面对市场的变化和实际运营中的挑战。这样的经历不仅加深了学生对农业产业链的理解，还锻炼了他们的市场洞察力和应对实际问题的能力。

这些实践基地通常与当地企业、农场或文化旅游地等合作，提供了一个多元化的学习环境。这种多元化不仅体现在不同类型的经营实践上，还体现在与当地社区的互动和文化交流上。这种实践不仅增强了学生的项目规划和管理能力，还培养了他们对乡村文化的尊重和保护意识。

乡村创业实践基地还为学生提供了一个学习创新和创业精神的平台。在这些基地中，学生需要运用创新思维来解决实际问题，如通过新技术提高农业生产效率，或者通过创意营销吸引更多的游客。这种创新的实践过程不仅促进了学生的创业技能发展，还激发了他们的创业激情和独立思考能力。通过这种实践，学生能够更好地理解创业的挑战和机遇，为未来的创业之路打下坚实的基础。

乡村创业实践基地的建立是高职教育服务乡村振兴的重要创新举措。这些基地为学生提供了一个将理论知识转化为实际操作技能的平台，让他们能够在实际的商业环境中学习和成长。通过在这些基地中的学习和实践，学生不仅能够提升自己的创业技能和综合素质，还能够为乡村振兴作出实际的贡献。这种教育模式无疑将对未来的乡村创业者和乡村振兴的实践者产生深远的影响。

四、创业指导和孵化支持

在高等职业教育中，为乡村创业提供指导和孵化支持是一种重要的创新路径，旨在帮助学生将创业想法转化为实际项目。这种支持不仅涵盖了创业辅导、市场分析、资金支持、法律咨询等多个方面，还包括与外部专业机构的合作，为学生提供一个全面、多元化的创业支持环境。

创业指导是这一路径的关键组成部分。在高职教育中，创业指导不仅包括基础的创业理论教育，还涉及创业计划的制订、商业模式的构建，以及创业策略的设计。通过提供这样的指导，学校可以帮助学生明确他们的创业目标，解决创业过程中可能遇到的挑战，以及学习如何制定有效的创业策略。

在创业指导和孵化支持中，对市场分析的指导尤为重要。这不仅包括对市场需求、消费者行为、市场趋势的分析，还包括对潜在市场机会的识别。

例如，通过市场分析，学生可以了解到乡村地区特定农产品的市场需求，从而决定开发何种类型的加工产品或服务，以及如何进行有效的市场定位。

高职教育机构可以通过建立创业基金、提供创业赛事奖金、或是与金融机构合作，为学生的创业项目提供必要的资金支持。这种支持不仅可以帮助学生解决资金短缺的问题，还能够提高他们的创业信心。例如，学校可以通过创业比赛的方式，为表现优秀的创业项目提供种子资金，以支持项目的初期发展。许多学生在创业过程中可能缺乏必要的法律知识，这可能会导致他们在合同签订、知识产权保护等方面遇到问题。因此，提供法律咨询服务，帮助学生理解和遵守相关的法律法规，对于保护他们的创业利益至关重要。

除了上述支持外，学校还可以与外部专业机构合作，为学生创业提供更全面的支持，包括与企业、行业协会、创业孵化器等机构的合作。通过这种合作，学生不仅能够获得行业内的专业指导，还能够获得更多的实践机会和资源。例如，学校可以与当地的乡村旅游公司合作，为学生提供实习机会，使他们能够在真实的商业环境中学习和成长。

通过这种全面的支持体系，不仅可以帮助学生将创业想法转化为实际项目，还能够提升他们的创业能力和成功率。这种模式不仅为学生的个人发展提供了支持，也为乡村振兴贡献了新的力量。

第四节　数字化资源教学的优化创新

高等职业教育在服务乡村振兴的过程中，通过数字化资源教学的优化创新，显著提升了教学的质量和效果。开发与乡村振兴直接相关的数字化教学资源，不仅丰富了教学内容，还提高了教学的趣味性和互动性，促进了学生对理论知识的深入理解和应用。通过利用数字平台促进教育资源共享，实现了教育公平，特别是在提升乡村地区的教育水平方面发挥了重要作用。引入先进的数字技术如 VR、AR 和大数据分析，为学生提供了全新的学习体验，激发了他们的学习兴趣和创新思维。重视培养学生的数字技能和信息素养，为学生适应数字化社会和有效参与乡村振兴打下了坚实的基础。这些创新举措不仅提升了教育质量，也为乡村振兴培养出具有创新精神和实践能力的人才，显示了高等职业教育在乡村振兴中的重要价值和作用。

一、开发与乡村振兴相关的数字化教学资源

在高等职业教育服务乡村振兴的进程中，数字化资源教学的优化创新起到了至关重要的作用。通过开发与乡村振兴直接相关的数字化教学资源，教育机构能够提供更为丰富和灵活的学习方式，从而使教学内容更加贴近实际，更具吸引力和实用性。

（一）现代农业技术的数字化教学资源开发

现代农业技术是乡村振兴的关键要素，其在数字化教学资源中的体现尤为重要。开发此类教学资源不仅需要涵盖农业科技的最新进展，如智能农业、精准农业等，还需将这些技术与实际应用场景结合，以增强学习的实践性和互动性。例如，可以通过虚拟现实（VR）技术模拟农作物的生长环境，让学生在模拟的农田中学习作物管理和病虫害防治。利用数据分析软件，学生可以学习如何通过分析土壤数据、气候变化等信息来优化农作物的种植方案。这种数字化资源不仅提高了学生的学习兴趣，还增强了他们将理论知识应用于实际问题的能力。

（二）乡村经济发展相关的在线课程和工具

对于乡村经济发展而言，数字化资源的创新尤为重要。在线课程可以覆盖从乡村经济基础理论到具体发展策略的多个方面。通过结合实际的乡村振兴案例，这些课程能够帮助学生理解乡村经济的特点和发展机遇。例如，可以开发一些交互式的案例研究课程，让学生分析特定乡村地区的经济发展情

况，然后制订适合该地区的经济发展计划。还可以利用数字化工具，如经济模拟软件，让学生在虚拟环境中尝试不同的经济策略，以观察不同决策对乡村经济发展的影响。这些数字化资源的应用不仅提高了教学的趣味性和互动性，还促进了学生批判性思维和创新能力的培养。

（三）社区管理领域的互动教学工具开发

在乡村振兴的背景下，社区管理是一个复杂且重要的领域，需要通过创新的数字化资源来支持相关教学。开发针对社区管理的互动教学工具，如模拟管理软件、在线互动平台等，可以帮助学生更好地理解社区运营的各个方面。例如，学生可以在模拟软件中扮演社区经理的角色，处理社区发展、资源分配、公共服务改善等问题。通过这样的模拟练习，学生可以在安全的虚拟环境中尝试和学习，提高解决实际社区管理问题的能力。这些工具还可以促进学生之间的交流和合作，例如，通过在线平台让学生共同讨论和解决模拟社区中的问题，提升他们的团队协作能力和沟通技巧。

数字化资源教学的优化创新在高职教育服务乡村振兴的过程中发挥着重要作用。通过开发与乡村振兴相关的现代农业技术、乡村经济发展、社区管理等领域的在线课程、模拟软件和互动教学工具，可以极大地丰富教学内容，提高教学效果，同时也为学生提供了更为灵活和实用的学习方式。这不仅有助于提升学生的学习兴趣和参与度，还能够培养他们的实践能力和创新思维，为未来的乡村振兴贡献力量。

二、加强数字技术在教学中的应用

在高等职业教育服务乡村振兴的过程中，加强数字技术在教学中的应用是一项重要的创新举措。随着数字技术的快速发展，虚拟现实（VR）、增强现实（AR）和大数据分析等技术的引入，为教育领域提供了新的可能性。这些技术的应用不仅能够使教学更加直观和互动，还能够帮助学生更好地理解复杂的概念或技术，同时激发他们的学习兴趣。

第五节　高职教育服务乡村振兴创新案例分析
——以杭州职业技术学院电梯培训项目为例

2017 年起，杭州职业技术学院特种设备学院在全国范围首创校校企三方合作的"温暖工程"电梯培训项目。该项目对接省内发展缓慢地区、中西部地区特种设备行业发展的人才需求，聚焦对口帮扶院校来自低收入家庭学生，奋力打造助推共同富裕"杭职模式"。项目从 2015 年立项开始，已为省内丽水、中西部地区培养了多名专业电梯安装与维修工，带动上百个家庭走上富裕之路。

一、项目背景

随着电梯产能和使用数量的增加，浙江省在电梯安装、维护和维修方面存在巨大的"缺口"。电梯安装、维护和维修人才的不足，严重制约了电梯产业的发展。电梯维保产业是一个全国性的产业，即卖出一批电梯，必须在客户所在地安排维保人员进行长期服务。随着产业的发展，电梯企业对维保等专业技能人才的需求量越来越大，招工难、培训难、维保能力不足等问题，已成为主流电梯企业进一步发展的瓶颈，这严重影响了电梯企业的品牌形象和产业布局。另一方面，浙江省内部分地区工业经济基础相对较薄弱、发展速度慢、现代工业水准较低、数量少，所能提供的就业岗位少，就业吸纳能力明显不足。而当地学校在专业设置、人才培养模式等方面，还不能有效调节经济发展和市场变化的需求，学科设置不够合理，专业知识陈旧，产生了专业与市场需求不符的结构性矛盾，很多学生甚至出现了毕业就失业的现象，这使得家境贫寒的学生雪上加霜，家庭经济越加困难。

面对这两难境地，杭州职业技术学院利用技术技能人才培养优势，搭建"校校企"合作平台，在对口支援院校选择贫困学生免费来杭学习电梯安装、维修与保养技术。学生在杭职院学习 2 个月后，到杭州西奥、西子奥的斯、通力等多家位居全国十大品牌行列的电梯企业进行为期 3 个月的实习，毕业后到生源地就业，拿杭州标准的薪资。目前，已有多所院校学生参与该项目。

二、项目实施

（一）依托"一个"专业，构建"一体两翼"项目方案

以职教精准扶贫为"主体"，以定点扶贫和继教扶贫为"两翼"，形成了"一体两翼"的精准扶贫工作思路。一是坚定落实"精准扶贫、精准脱贫"的扶贫理念，对口支援省内发展缓慢地区及中西部高职院校，精准选拔符合扶贫政策的学生，联合全球前十电梯企业开展定向培养，实现电梯产业发展和贫困学生就业的精准对接。二是围绕教育部、省市战略部署，结对丽水缙云县（浙江省内贫困地区）、河北威县（教育部定点帮扶县）、湖北恩施州（杭州对口帮扶对象）等地区中高职院校，开展人才培养目标、专业设置、课程体系、教学内容、师资队伍建设等方面对口帮扶，以专业示范辐射带动相对贫困地区职业教育发展。三是依托技术技能人才培养优势，选拔品学兼优、家庭困难且有志于从事电梯安装维修职业的学员，设立"励志班"，免费为学生进行理论教学、专业实训和顶岗实习指导，以技能扶贫助力脱贫攻坚。

（二）整合"四方"资源，搭建"校校企"项目平台

在资源整合上，依托"校企共同体"办学体制机制优势，整合政府、行业、企业、职业院校四方资源，形成资源集聚优势。在目标定位上，通过实施定向培养，学生毕业后全部进入杭州西奥、奥的斯、通力电梯等国内前十大电梯企业生源所在地分公司工作，也可根据意愿选择所在省份的其

他城市工作，并按照工作绩效逐年上浮，实现了"职教一人、脱贫一家"的目标。在路径选择上，发挥政、行、企、校多方资源集聚优势，结对贫困地区职业学校，推动优质职业教育资源共享，促进区域职业教育协调发展。实施温暖工程"星火计划"等，面向贫困地区贫苦学生开展电梯培训。在帮扶模式上，采用"免费培养、定向就业"模式进行免费定向精准培养，学生与企业确定订单培养意向，并和学校、企业，以及学生所在学校签订四方协议，确定各方责权利关系，建立政行企校"多方联动、协同发展"的工作机制。

（三）做实"三大"项目，擦亮"扶智造血"项目品牌

一是定向培养，做实职教扶贫项目。与全国 12 省份中的恩施职院、宁夏工商职院、兰州职院、河南漯河职院等中西部院校建立对口支援关系。充分利用自身技术技能人才培养优势，搭建定向培养精准扶贫平台，在对口支援院校选择贫困学生（选拔对象为机电类大三学生，由所在院校或当地政府扶贫办推荐）。学生在杭职院学习 2 个月后，到杭州西奥、奥的斯、通力等电梯企业进行为期 3 个月的实习，学习电梯安装、维修与保养技术。毕业后全部进入杭州西奥、奥的斯、通力电梯等国内前十大电梯企业生源所在地分公司工作，也可根据意愿选择所在省份的其他城市工作，综合起薪超过 4 000 元/月，并按照工作绩效逐年上浮，实现了"培养一个学生，脱贫一个家庭"的目标。

二是积极对接，做实定点扶贫项目。积极响应浙江省关于"山海协作工程"总体部署，结对淳安县、缙云县等省内贫困地区中职学校，实施中高职衔接对口帮扶，开展技术技能培训、科技服务、职业教育共建等项目，促进优质职业教育资源共享，助力区域职业教育协调发展；积极对接教育部定点帮扶县——河北威县，联合杭州西奥电梯有限公司、河北机电职业技术学院，与威县职教中心签订四方协议，建立四方协同联动机制。选派

专业人员对接威县职业教育中心，从人才培养目标、专业设置、课程体系、教学内容、师资队伍建设等方面对口帮扶，捐赠设备帮助威县建设电梯实训基地，改善实训条件，搭起学生成长发展的"立交桥"；主动参与教育部"全国高校与湖北高校毕业生就业创业工作'一帮一'行动"，并作为首批确定开展帮扶行动的 48 所高校之一，与湖北恩施职院建立就业对口帮扶关系。

三是积极开拓，做实教育扶贫项目。结对丽水市，精准实施电梯人才培训。从丽水市职业高级中学、丽水市技工学校、遂昌县职业中等专业学校等学校选拔品学兼优、家庭困难且有志于从事电梯安装维修职业的学员，设立"励志班"。杭职院为"励志班"学生定制培训课程，选派优秀培训教师，免费为学生进行 3 个月的理论教学、专业实训和顶岗实习指导；联合中华职教社，精心组织温暖工程"星火计划"项目。学员来自黔东南、四川、云南等省低收入家庭，由中华职教社在当地机构通过自主报名、各县选拔、集中面试的方式完成遴选。为了更好地解决贫困学员的后顾之忧，政企校三方承担了学生来杭期间学习的所有费用，学生不需要支付任何费用。

三、项目成效

（一）实现教有所得

电梯专业精准扶贫项目定向培养的学生，经过电梯理论知识学习、电梯安装维修技能培训与鉴定和电梯企业顶岗实习，学生理论基础知识和实践技能都得到明显提升，实现了从学校到企业的"零距离"上岗，是理论基础与实践能力兼有的技术技能型人才。

（二）实现学有所用

通过该项目，学生在学习期间就取得电梯从业人员上岗证和电梯安装与维修等级证书，降低了企业的用工成本，提高了员工队伍的质量；电梯企业实现了"属地维保工人配套电梯销售"的模式，大大提高了企业产品的竞争力和队伍的稳定性。学生毕业后，按意愿可进入杭州西奥、西子奥的斯、通力电梯等大企业位于生源所在地的分公司进行工作，也可以选择所在省份的其它城市进行工作。学生就业薪酬按照杭州地区的标准发放，综合起薪为 4 000 元/月（高于浙江省平均起薪 530 元/月），并按照工作绩效逐年上浮。

（三）实现各方共赢

该项目依托与浙江省特种设备科学研究院合作办学的优势，整合利用中华职教社平台、杭州西奥电梯（中国民族品牌第一）企业资源平台。该项目大胆创新思路，通过校行企三方合作，走出扶贫扶持新路径，实现了多方共赢。该项目中西部地区学生以杭州地区的薪酬标准到生源所在地就业，实现了"培养一个学生，帮扶一个家庭"的目标。对中西部院校及省内发展较为缓慢地区的学校而言，通过和发达地区院校对接，促进了相关专业的建设，完善了课程体系，提高了课程标准。对电梯企业而言，一方面，缩短了全国范围内的招工时间，降低招工成本的同时提高了招工的质量；另一方面，通过"学生+家庭+地区"的模式，形成扶智联动机制，既能增加学生家庭收入，又增强了当地经济的"造血"功能，为乡村振兴保驾护航。

项目实施以来，已为多名贫困学生培训电梯技能，撬动教育部门、社会组织等投入数百万资金，助力多个家庭走上富裕之路。因成绩斐然，获多家省市主流媒体广泛报道，得到了原浙江省委车俊书记的批示肯定和国务院扶贫办的肯定。2020 年 4 月特种设备学院获杭州市五一劳动奖章荣誉称号，2020年 11 月荣获中华职教社温暖工程实施二十五周年优秀组织管理奖，全国职业院校决胜脱贫攻坚"先进集体"。

四、项目经验

（一）组织保障

一是党组织层面，特种设备学院党总支牵头"温暖工程"电梯培训项目，多次召开专题会议做好思想动员工作，明确项目开展重要意义，激发党员干部的工作热情和干劲。

二是部门层面，由党总支书记牵头制定工作方案，深化细化推进措施，充分发挥党建引领作用，以部门、支部为单位明确任务和要求，落实党员责任，确保项目顺利实施有效保障。

三是专业层面，系统规划落实培训、实习与就业等工作。电梯专业组配备党员教师担任学习班主任，跨党小组配备党员担任生活班主任；组织牵头成立浙江省电梯产教联盟，完成理论及实操培训，落实顶岗实习和就业，确保学生可拿"杭州薪资标准、回生源地就业"。

四是党员层面，做好党员师徒结对，签署结对帮扶协议，要求党员骨干教师切实发挥党员先锋模范作用和新时代工匠精神示范引领作用，确保现代学徒制教学高质量顺利实施。

（二）方式方法

由电梯工程技术专业所在教工党支部承担帮扶班具体任务的实施，实施"3＋4"联办机制，精准高效实现技能技术传承。"3"是每位"师傅"带3个左右学员，做好党员结对和现代学徒制教学工作。"4"是要求支部全体党员共同落实4项工作责任，一是签订《师徒协议书》，二是共同研究完善课程内容和教学方法，三是共同帮助学生养成岗位所需职业素养，四是带领学生共同参与专业先锋队或党员志愿服务工作，4项措施责任举措形成高标准、高质量发动党员、依靠党员、引领非党员教师、服务学生的工作模式，确保培训项目教学质量过硬。

（三）人文关怀

在做好党员师徒结对的基础上，学院配备党员教师"双班主任"联系机制，让远离家乡的学生快乐学习。电梯专业党员教师担任学习班主任，学生党支部党员教师担任生活管理班主任，负责学员的生活管理，定期开展心理辅导、团队建设等丰富的业余活动。在项目实施期间，除强化电梯专业组党员教师的教学主导作用外，学院领导班子成员还带领教师定期开展走访，悉心关注学员的生活条件和业余生活，缓解了学员思乡之愁，坚守了安心学习技能技术初衷。

（四）合作平台

充分利用行校企办学优势，整合资源，联手推进，实现学生高质量就业。基于电梯工程技术专业人才培养品牌优势，整合浙江省特科院的行业优势资源、各大电梯企业的电梯工程技术岗位资源和中西部学校的人力资源，构建了电梯专业人才培养联盟，实现项目生态管理。培养联盟对电梯安装、维修与保养技术专业的对口中西部学员进行免费培训。学员在杭职院学习 3 个月后，分配到杭州西奥、西子奥的斯、通力等培训联盟企业进行为期 3 个月的实习，培训完成后拿"杭州薪资标准、回生源地就业"。对电梯企业而言，在降低招工成本的同时提高了招工质量，大大提高了企业产品的竞争力和队伍的稳定性。

第八章 高等职业教育服务乡村振兴的方法

第一节 加强政府政策支持

一、转变观念，激发高职教育成为"乡村振兴"的驱动力

（一）从单一"城市取向"向注重"农村取向"发展

传统上，教育资源和发展重点倾向于城市地区，这种单一的"城市取向"在很大程度上忽视了农村地区的发展需求。然而，随着"乡村振兴"战略的提出和实施，这种偏向性的观念正逐渐向"农村取向"转变。这一转变不仅体现在政策导向上，更深刻地反映在高等职业教育的定位和功能上。高等职业教育在乡村振兴中的作用，不仅是传授知识技能，更重要的是成为推动乡村社会经济发展的重要力量。为此，高等职业教育需要紧密结合乡村的实际需求，开展与农业相关的专业教育，培养适应乡村发展的人才。这些人才不仅要掌握农业技术，还需具备创新意识和创业能力，能够将现代科技和管理方法应用于乡村发展之中，从而激活乡村的内生动力。

加强政府政策支持对于高等职业教育服务乡村振兴至关重要。政府不仅需要提供资金支持，更应出台具体政策，鼓励和引导高职院校深入乡村，开展针对性的教育和培训项目。这些政策可以包括税收优惠、项目资助、人才培养计划等，旨在通过多种激励机制，促进高职教育资源向农村倾斜，为乡村振兴提供坚实的人才和智力支持。

高等职业教育还应积极构建与地方政府、企业和社区的合作关系，形成多方参与、多元支持的乡村振兴教育模式。通过与地方政府合作，可以更好地了解乡村的实际需求，制订符合实际的教育计划；与企业的合作则有助于将理论与实践相结合，提高教育的实用性和针对性；社区的参与则可以增强教育活动的接受度和影响力。

（二）构建独立现代职业教育体系

在实现乡村振兴战略过程中，高等职业教育扮演着至关重要的角色。传统的教育体系往往以理论教学为主，而对于实践技能和地方需求的关注不足。为此，构建针对乡村需求的独立现代职业教育体系，意味着必须转变传统教育观念，将教育资源和重点从城市向乡村倾斜。

在这样的教育体系下，高等职业教育应注重培养学生的实际操作能力，使其能够为乡村的经济和社会发展贡献力量。高职院校不仅应注重对农业技术的传授，还应注重对乡村治理、乡村旅游、农产品营销等多方面技能的培养。教育内容的更新换代应与时俱进，反映乡村振兴的最新趋势和需求。政府政策的支持在这一过程中发挥着至关重要的作用。政府不仅需要提供资金和资源上的支持，更应在政策层面上为高职教育的转型提供便利条件，包括制定有利于高职院校与乡村地区合作的政策，促进教育资源下沉到乡村，以及创造有利于高职毕业生在乡村就业和创业的环境。政府还应引导高职院校与当地企业、乡村社区建立密切合作关系。通过产教融合，让高职教育更加贴近乡村实际，增强教育的实效性。这种合作不仅能为学生提供实践机会，也能为乡村带来新的发展机遇，形成教育与乡村发展相互促进的良性循环。

（三）转变管理观念，政府主导和学校自主管理结合

在实行乡村振兴战略的过程中，管理观念的转变起着决定性作用，特别是在政府主导与学校自主管理的结合方面。这一转变不仅涉及教育管理的方式，还关乎教育资源的配置和利用效率。传统管理模式下，政府主导往往意味着对教育机构的严格控制，而学校自主管理则强调在政府框架内的自我发展能力。在乡村振兴背景下，这两者的有效结合成为提升高职教育质量和适应性的关键。

政府通过制定教育政策，为高职教育的发展提供指导和保障。在乡村振兴的大背景下，政府可通过政策引导，将教育资源向乡村地区倾斜，促进高职教育与乡村发展的深度融合。政府还可以通过资金支持、政策激励等手段，鼓励高职院校参与乡村振兴项目，培养符合乡村需求的人才。

高职院校在政府政策框架下，应有足够的自主权来设计和调整教学计划、课程内容及教育方法，以便更好地适应乡村振兴的需求。学校能够根据乡村的实际情况，开设相关专业和课程，培养学生的实践技能和创新能力，从而为乡村发展提供更为精准和有效的人才支持。政府应鼓励和支持学校在乡村振兴中发挥主体作用，同时学校也需要主动对接政府政策，将教育内容和方式与乡村振兴的实际需求紧密结合。这种互动合作关系有利于形成一个更加灵活、有效的教育管理体系，进而推动高等职业教育在乡村振兴中发挥更大作用。

通过转变管理观念，实现政府主导与学校自主管理的有效结合，能够使高等职业教育更好地服务于乡村振兴，这不仅需要政府的政策支持和引导，也依赖于学校的自主创新和积极响应。这种双向互动的管理模式有助于高职教育更加深入地参与乡村振兴，成为推动农村地区经济社会发展的重要力量。

二、加大财政投入，增加高职教育为"乡村振兴"的资源供给

（一）加大对高职教育的整体投入

高等职业教育在培养学生实践能力方面占有独特而重要的地位，这一点在乡村振兴的背景下尤为突出。高职教育的核心在于对人才动手能力和实践技能的培养，而这正是乡村发展所迫切需要的人才类型。为了实现这一目标，高职院校需要建立大量的实训实习基地，这既是教学需要，也是学生成长的必经之路。然而，这一过程伴随着巨大的资金投入，尤其是在当前我国教育经费投入主要依赖国家财政的背景下，这种资金压力尤为显著。

在乡村振兴的大背景下，加大对高职教育的整体投入显得尤为迫切。这不仅是对高职教育发展的支持，更是对乡村振兴战略的有力推动。高职教育的资源供给能力提升，意味着能够培养出更多适应乡村发展需求的高素质技能型人才。这些人才将成为推动乡村经济和社会发展的关键力量，从而实现乡村振兴的长远目标。政府政策支持在这一过程中扮演着至关重要的角色。政府不仅需要在财政上给予高职教育更大的投入，还需要通过政策引导和激励机制，促进高职教育与乡村振兴的深度融合，包括优化高职教育资金分配机制，以确保资金能够有效利用于实训实习基地的建设和运营。政府还应促进高职院校与乡村地区的合作，鼓励院校将实训基地建设在乡村地区，直接服务于乡村的实际需求。

加强政府政策支持还体现在建立和完善高职教育与乡村振兴之间的联动机制上。政府可以通过制定相关政策，鼓励高职院校深入乡村进行教育和技能培训，同时为高职毕业生在乡村就业和创业提供支持和便利。这样的政策不仅能够提升高职教育的吸引力和实效性，也能够为乡村振兴注入新的活力。

（二）对民办高职加以重视

民办高职教育在我国高等职业教育体系中占据了重要地位，尤其在乡村

振兴的背景下，其潜在的作用不容小觑。由于经济发展水平的地区差异，东部地区的民办与公办高职教育经费投入相对较多，而中西部地区则面临着财政投入水平较低的问题。特别是民办高职教育，由于其企业性质，经费投入往往相对有限，这在一定程度上影响了其教育质量和发展潜力。

在高职教育服务乡村振兴的过程中，加强对民办高职教育的重视和支持显得尤为重要。政府的政策支持不仅体现在监管上，更应在经济资助方面有所作为。政府对民办职业教育的经济支持，不仅可以帮助民办高职院校解决资金短缺的问题，还能够鼓励民办高职院校更好地服务于乡村振兴战略。这样的经济支持应着重于提升学生的实践能力，如投资于实训基地的建设和运营，确保资金的有效利用。政府在提供经济支持的同时还需要制定明确的政策框架和资金使用规范，确保资金专项用于提高教育质量和学生实践能力的培养。这样的规范不仅有助于资金的有效利用，也能够增强民办高职教育机构的公信力和社会责任感。政府可以通过制定合作项目、鼓励企业与高职院校合作等方式，促进民办高职教育资源向乡村地区倾斜。这不仅能够提升民办高职院校的发展潜力，也能为乡村振兴提供更为多元化的人才和技术支持。

（三）注重扩大农村生源的规模

我国高职教育对农村经济增长的贡献率并不高，其中一个显著的原因在于农村地区的受教育水平普遍较低，特别是在高等教育方面。农民人均受高等教育的年限较低，这限制了高职教育在促进农村经济增长方面的潜能。为了提升高职教育在乡村振兴中的作用，关键在于扩大农村生源的招收规模，同时充分考虑到农村学生家庭贫困的特点，解决他们在学费和生活费方面的问题。

扩大农村生源的规模是实现乡村振兴的重要途径。高职教育的扩展，尤其是对农村学生的吸纳，有助于提升农村地区的整体教育水平，从而促进农村经济的发展。农村学生经过高职教育的培养，将掌握必要的职业技能和知识，这些技能和知识可以直接应用于农村地区的生产业和服务业，从而提高农村地区的劳动生产率和经济活力。政府需要通过制定和实施相关政策来支持高职教育的扩展及其在农村地区的深入。这些政策应包括提供足够的经费支持，用于建立和维持高职院校，特别是在农村地区；政府还应实施特订的资助计划，帮助农村贫困学生支付学费和生活费，以减轻他们接受高职教育的经济负担。

政府应鼓励高职院校开设更符合农村地区需求的课程和专业。这些课程和专业不仅要注重理论知识的传授，更要强调实际技能的培养，确保学生毕业后能够直接投入到农村地区的经济活动中。政府也应推动高职院校与农村地区的企业和组织建立合作关系，为学生提供实习和就业机会，以确保教育与当地经济的紧密结合。

三、深化改革，建立为"乡村振兴"服务的配套机制

（一）建立"为农业服务"的财政机制

在实现乡村振兴的大背景下，高等职业教育扮演着关键角色，特别是那些直接涉及农业的高职院校。为了有效地推动这些院校的发展，并促进其在乡村振兴中的作用，建立"为农业服务"的财政机制显得尤为重要。这种机制不仅体现了高职教育的公益性，也是对乡村振兴战略的有力支持。

"为农业服务"的财政机制意味着在拨款和贷款方面对涉农高职院校给予特别的倾斜和政策优惠。这种财政支持对于高职院校而言，不仅能够缓解其经费压力，还能够提升其教育质量和服务能力。特别是在农村地区，这种财政支持能够帮助高职院校更好地适应当地的教育需求和经济发展目标，从而更加有效地服务于乡村振兴。政府不仅需要制定具体的拨款和贷款优惠政策，还需要确保这些政策能够有效实施，确保资金能够真正用于提升教育质量和加强与农业相关的教学和研究活动。政府还需确保这些财政资源能够分配给不同地区的高职院校，特别是那些位于经济相对落后地区的院校。

政府的政策支持还应包括鼓励高职院校与当地农业企业和组织建立合作

关系。这种合作关系不仅能够为学生提供实习和就业机会，还能够促进院校教育内容和研究方向与当地农业发展的需求相匹配。通过这种方式，高职教育能够更加贴近农业实际，更有效地支持乡村振兴。

政府在支持涉农高职院校的还需注意保持教育的公益性。这意味着高职教育的发展不仅要追求经济效益，还要注重社会责任，确保教育资源能够惠及更广泛的社会群体，尤其是农村地区的学生。这种公益性的维护，对于保持教育的平等性和普遍性至关重要。

（二）建立新的高职教育质量评估体系

在当前乡村振兴的大背景下，高等职业教育服务于乡村振兴的效果在很大程度上取决于其教育质量。因此，建立一个新的高职教育质量评估体系成为提升乡村振兴效果的关键策略。这个评估体系的建立不仅是对高职教育现状的审视，更是对其未来发展方向的引导。在这一过程中，政府的政策支持显得尤为重要，它不仅为评估体系的建立奠定了基础，也为高职教育的持续改进和优化提供了动力。

新的高职教育质量评估体系应当充分考虑乡村振兴的实际需求，包括对农业相关专业的教学质量、学生实践能力的培养，以及毕业生就业情况的评估。这种评估体系的目标不仅是衡量教育质量，更是通过评估结果推动教育内容和方法的不断改进，确保高职教育能够紧密对接乡村振兴的实际需要。

政府在这一过程中需要发挥重要作用。第一，政府应当制定明确的评估标准和程序，这些标准和程序需要具有科学性和针对性，能够真实反映高职教育的实际水平和对乡村振兴的服务效果。第二，政府还需要为评估体系的实施提供必要的资源支持，包括财政资金、人力资源及相关的政策支持，确保评估工作的顺利进行和有效性。第三，政府还应该促进高职院校内部的质量保障机制建设，鼓励院校根据评估结果进行自我改进和优化，包括改进教学内容、更新教学方法、加强师资力量及提升教育设施。第四，政府也应鼓励高职院校与地方政府、企业和乡村社区建立更紧密的合作关系，从而使教育更加贴近乡村的实际需求，提升教育的应用性和实效性。

（三）制定落实对涉农教师的优待政策

涉农教师在科技成果转化和农业服务中扮演着重要角色，他们的工作直接关系到农业知识的传播、技术的推广，以及乡村振兴的实际成效。因此，对这一群体的激励和支持，尤其是在职称评定、待遇、聘任、年度考核等方面的优惠政策，对于提升他们的积极性和创新性至关重要。

制定针对涉农教师的优惠政策，旨在通过具体的激励机制来鼓励和引导这些教师更加积极地参与到农业服务和科研成果转化中。这些优惠政策应包括但不限于提高职称评定的灵活性、增加经济和职业发展上的激励，以及在年度考核中给予特别的考虑。通过这样的政策支持，不仅能够激发涉农教师的工作热情和创新精神，还能够吸引更多有才华的人才投身于农业教育和研究领域。

政府在这一过程中的支持是实现这些优惠政策的关键。政府需要制定明确的政策框架和执行机制，确保这些优惠政策能够得到有效实施。政府还需提供必要的资源和资金支持，如通过设立专项基金或奖项来奖励那些在涉农科研和农业服务方面作出显著贡献的教师。这样的财政支持和政策引导将为涉农教师创造一个更加有利的工作环境，激发他们的创新潜力。政府还应鼓励高等职业教育机构与农业企业和乡村社区建立更紧密的合作关系。通过这种合作，教师可以更直接地了解农业和乡村振兴的实际需求，将其研究工作与实际应用相结合。这不仅能够提高研究的针对性和实用性，也能够增强教师的社会服务意识和责任感。

（四）建立"农学研"结合机制

在乡村振兴的关键时期，建立"农学研"结合机制成为高等职业教育服务乡村振兴的重要手段。这种机制的核心在于整合教育、科研与农业实践，通过高职教育的智囊团功能，为农村经济社会建设提供有力的支持。在这一过程中，政府政策的支持至关重要，它为这种结合机制的建立与运行提供了必要的框架和资源。

"农学研"结合机制的实施，首先高职教育能够针对农村产业结构的调整和经济建设的需要，灵活设置专业并创新人才培养模式和学制。这种专业设置和人才培养模式的调整，要求高职院校能够紧密跟踪农业科技的最新发展，同时充分了解农村的实际需求，以培养出真正适应农村经济社会发展需要的实用人才。

在高职教育的专业内容中，特别是涉及高新技术领域的专业，需要积极探索服务于农村经济的新领域和途径。这不仅包括传统的农业技术，还包括现代农业科技、农村经济管理、农村可持续发展等多个方面。这些专业的设置和发展，能够为农村地区提供更为全面和高效的技术和管理支持，从而促进乡村振兴。政府在推动"农学研"结合机制的建立和运行方面起着关键的作用。政府需要制定相关政策，为高职院校与农业科研机构、农业企业之间的合作提供便利条件，包括资金支持、政策激励、合作平台的建立等方面。政府还应鼓励高职院校在农村建立教育、教学及社会实践基地，这些基地不仅能够为学生提供实践学习的机会，也能够让高职教育的成果更直接地服务于农村的发展。

通过政府的政策支持和高职院校的积极参与，建立的"农学研"结合机制将能够有效地将高等职业教育的资源和能力转化为推动乡村振兴的实际力量。这种结合机制不仅能够促进农村地区的经济发展，还能够提升农村地区的整体教育水平和科技水平，为乡村振兴提供坚实的人才和技术支撑。

第二节　深化高职教育改革

大力发展高等职业教育对于实现乡村振兴战略的可持续发展具有重要意义。高职教育能够为乡村振兴提供持久的智力支持和保证，这不仅体现在培养适应乡村发展需要的实用人才上，还体现在通过教育和研究活动为乡村振兴提供一系列相关的科研成果。这些成果的具体转化能够促进产学研合作，增强高职院校服务乡村振兴的能力。在高职教育的发展过程中，参与和服务于乡村振兴战略既是一次新的挑战，也是难得的机遇。高职院校应当把握这个机会，通过服务乡村振兴战略来实现自身的发展，对课程设置、教学方法及研究方向进行调整，以确保教育内容和研究活动能够紧密对接乡村的实际需求。高职院校还应积极参与乡村社区的建设和服务项目，通过实践活动提升学生的实际操作能力和社会责任感。

一、发展涉农高职教育，提高高职教育为乡村振兴战略服务的适切性

（一）把握高职技术教育优势

高职技术教育在中国教育体系中占据了独特的地位，特别是在培养针对特定行业需求的技能型人才方面。在乡村振兴战略中，发展涉农高职教育，充分把握和发挥高职技术教育的优势，对提高高职教育服务乡村振兴战略的适切性具有重要意义。高职教育强调对实践技能的培养，这与乡村振兴中对于实用技术和专业技能人才的需求高度契合。

涉农高职教育的发展，要紧密结合农业发展的实际需求，包括现代农业技术、农产品加工、农村经济管理等多个方面。通过这样的专业设置，可以确保教育内容与乡村振兴的具体目标和需求相对接。这种紧密结合不仅提升了教育的实用性和针对性，也增强了学生将所学知识和技能应用于实际的能力。

高职技术教育的另一个优势在于其灵活的教学模式和课程设计。高职院校可以根据农村的变化和新兴的农业技术动态调整课程内容，这种灵活性使得高职教育能够迅速响应乡村振兴的最新需求。高职教育还应加强与农业企业和乡村社区的合作，通过实习和实训项目，让学生在真实的工作环境中学习和实践，从而提高他们的职业技能和实际操作能力。

（二）发挥地方高职院校优势

地方高职院校因其独特的地理和文化优势，对于发展涉农高职教育、提高高职教育服务乡村振兴的适切性具有重要意义。地方高职院校通常更加贴近乡村社区，对当地的经济状况、文化特征，以及教育需求有着深刻的理解。这种对本地实际情况的深入了解，使得地方高职院校在设计和实施教育项目时能够更加精准地满足乡村振兴的具体需求。地方高职院校的教育与培训程序可以针对性地解决乡村地区面临的具体问题，如农业技术的改进、农产品的加工和营销、农村社区的可持续发展等。通过提供与这些领域相关的专业知识和技能培训，地方高职院校能够培养出直接服务于乡村振兴的专业人才。地方高职院校还可以通过与当地企业和农业组织的合作，为学生提供实习和实践的机会，这不仅增强了学生的职业技能，也促进了理论与实践的有效结合。

地方高职院校在课程内容和教学方法上的灵活性也是其优势之一。他们可以根据地方的经济发展和技术进步，快速调整教育项目和课程内容，确保教育与地方发展的同步性。这种灵活和及时的调整，使得地方高职教育能够紧密跟随乡村振兴的步伐，及时满足乡村振兴对人才的需求。

二、开拓高职教育服务于乡村振兴战略的形式

（一）调整高职院校布局

高职院校布局调整应以促进地区经济社会发展为导向，优化资源配置，加强与地方经济社会发展需求的对接。高职院校应依据各地区的实际情况，设置符合地方特色的专业，如农业技术、乡村旅游、乡村教育、环境保护等，直接对接乡村振兴的核心领域。通过专业设置与地方特色产业相结合，高职教育可以更加精准地为乡村振兴输送专业技术人才。

在乡村振兴的过程中，应用型技术人才的需求日益增长。因此，高职院

校应通过校企合作、实习基地建设等方式，加强学生的实践技能培养，使学生能够在实际工作中快速成长，成为乡村振兴的中坚力量。通过实践教学的深入，学生可以直接参与到乡村建设中，了解农村实际需求，为未来的职业生涯打下坚实基础。通过院校的科研力量，可以为乡村振兴提供科技支撑，解决实际生产中遇到的技术难题。高职院校还可以通过开展农村相关的科研项目，引导学生参与到农业科技创新中，不仅提升了学生的科研能力，也为乡村振兴注入了新的活力。

通过组织研讨会、讲座等形式，让学生更加深入地理解乡村振兴的重要性和紧迫性，培养学生的社会责任感和使命感。

（二）推进高等教育自学考试通农村

推进高等教育自学考试向农村地区的扩展是实现高职教育服务于乡村振兴战略的关键举措之一。这种做法不仅有助于缩小城乡教育资源的差距，还能有效提升农村地区的整体教育水平，为乡村振兴战略的实施提供人才支撑和智力保障。

在当前乡村振兴的大背景下，高职教育的角色愈发显著。高职教育以其实用性、应用性强的特点，能够为农村地区培养出具有实际操作能力和创新能力的技术型人才。而高等教育自学考试作为一种灵活、开放的教育方式，能够有效补充传统高职教育的不足，特别是在资源分配不均、教育机会有限的农村地区。高等教育自学考试向农村地区的推进，应着重考虑农村地区的实际需求和特点，根据农村地区的产业特色和发展需求设置相关专业，如农业科技、乡村旅游管理、农村教育等，使教育内容与乡村振兴的实际需求紧密结合。应充分利用现代信息技术，如远程教育、网络课程等方式，克服地理位置的限制，为农村地区提供更加便捷、高效的学习途径。

为了更好地实现乡村振兴目标，高等教育自学考试的推广还需与地方政府、企业和社区等多方协同合作。地方政府可以提供政策支持和资源配备，企业和社区则能提供实践平台和案例资源。这种多方合作不仅能够为学生提供更多样化的学习和实践机会，还能够使教育内容和形式更加贴近农村的实际需求，增强教育的针对性和有效性。高等教育自学考试在农村地区的推广应注重文化传承与创新。农村地区拥有丰富的传统文化资源，这些资源在乡村振兴中具有不可替代的价值。因此，在教育过程中应重视对传统文化的传承和创新，使之成为乡村振兴的有力支撑。通过教育传承农村的传统技艺、乡土知识，可以激发乡村地区的文化自信，同时也为乡村的可持续发展提供了新的思路和方向。

为确保高等教育自学考试在农村地区的有效推广，还需要加强对教育效果的监测和评估，这不仅包括学生学习成效的评估，也包括教育对于乡村振兴战略实施效果的评估。通过定期的监测和评估，可以及时发现问题并进行调整，确保教育活动能够更好地服务于乡村振兴战略，为农村地区的全面发展提供坚实的教育支撑。

（三）引导高职院校创办农村社区学院

农村社区学院的核心在于满足农村地区的实际需求，包括但不限于农业技术、乡村管理、农村文化传承等多方面。这些学院应根据各自服务区域的特色和需要，开设相应的课程和培训项目。例如，位于粮食主产区的农村社区学院可以强化农业科技教育，而位于旅游资源丰富地区的学院，则可以重点发展乡村旅游管理等相关课程。高职院校在推进农村社区学院建设的过程中，应采取灵活多样的教学方式。除了传统的面授教学，还应大力发展远程教育、网络课程等现代教育手段，以适应农村地区不同群体的学习需求和习惯。应强调实践教学和技能培训，通过校企合作、实习基地建设等方式，为学生提供实际操作的机会，提高其实际工作能力。

通过开展丰富多彩的文化活动、科技创新竞赛等，不仅能激发学生和社区居民的创新精神和创业热情，还能促进乡村文化的传承和发展。在这个过程中，高职院校可以发挥其专业优势，引导学生将所学理论知识与乡村实际相结合，促进科技成果的转化和应用。

农村社区学院还应与当地政府、企业、社区等多方合作，共同推动乡村振兴战略的实施，这种合作不仅可以充分利用各方资源，还可以确保教育内容和形式更加符合地方实际需求。

农村社区学院的建立和发展还需要持续的监测和评估，包括对教学质量、学生就业情况、对乡村振兴的贡献等多方面的评估。通过这种方式，可以及时发现并解决问题，确保农村社区学院能够有效地服务于乡村振兴战略，为农村地区的全面发展提供强有力的支持。

三、重塑高职院校发展理念

（一）明确自我定位

高职院校作为乡村振兴战略的参与者，其定位应着重于作为技术和文化的输出者，培养适应乡村发展需要的技术人才，提供技术服务，同时促进乡村文化的发展。高职院校需要明确其服务对象，主要包括基层农村干部、技术人员、富余劳动力及农村职业学校。通过专门的培训课程和实践活动，高职院校能够有效地提升这些对象的专业技能和综合素质，为乡村振兴提供必要的人力支持。

高职院校在乡村振兴中的功能定位应包括人才培养、技术服务和文化培育。这要求高职院校不仅为乡村振兴培养和输送适应性强的技术型人才，还要开展与农村需求相符的技术服务，支持农业现代化和农村经济的发展。高职院校还应通过培训和文化下乡等活动，促进乡村社会文化的进步，提升农民的思想观念和生活质量。

高职院校服务乡村振兴的方式应包括单向输入、横向联合及双向联合。这不仅涉及人才、师资、技术、文化及设施设备的输送，还包括利用校企合作网络为乡村提供信息、技术、资金和合作机会。高职院校与农村的双向合作，可使农村成为学校的产学研基地，实现互惠互利。

（二）树立服务理念

在当前乡村振兴的大背景下，高等职业教育必须深化改革，而这一过程的核心是重塑高职院校的发展理念，特别是树立服务理念。这种服务理念要求高职院校不仅关注学生的教育和培养，还需积极参与到乡村振兴的实际工作中，使教育服务与社会需求紧密结合。这种理念转变意味着高职教育不再仅仅是知识和技能的传递者，而是乡村发展的促进者和参与者。通过这种转变，高职院校能够更加深入地理解和响应乡村振兴中的实际需求，培养出更适应乡村发展的人才。

树立服务理念的高职教育需要在多个方面深化改革。课程内容和教学方法必须创新，以更好地适应乡村振兴的需求，包括加强实践教学、增加与乡村振兴相关的课程，以及鼓励学生参与乡村发展项目。高职院校还应加强与乡村社区、企业和政府部门的合作，开展针对性的培训和技术支持项目，以促进乡村的经济发展和社会进步。通过这些改革，高职教育不仅能够培养出具备实际操作能力的人才，也能够为乡村振兴提供直接而有效的支持。

（三）调整办学方向

在乡村振兴战略的背景下，高等职业教育面临着重塑发展理念的挑战，其中调整办学方向成为关键一环。这种调整要求高职院校超越传统的教育模式，将培养适应乡村振兴需要的人才作为其办学的核心。这不仅涉及课程内容和教学方法的改革，还包括校企合作模式的创新、教育资源向乡村地区的倾斜，以及教育理念的更新。这种调整使得高职教育不再局限于传授技术技能，而是成为推动乡村社会经济发展的积极力量。

高职院校在调整办学方向时，应重视与乡村振兴密切相关的领域，如农业技术、乡村治理、农村旅游等专业的发展。院校还应增强学生的实践能力，通过校外实习、社会服务项目等方式，让学生直接参与乡村振兴相关的实践活动。高职教育的改革还需关注培养学生的创新意识和综合素养，使其能够在未来的乡村工作中展现出更大的潜力。通过这些努力，高职院校不仅能够为乡村振兴输送合格的人才，还能够促进教育内容与乡村发展需求的更好对接，提升教育的社会服务能力。

第三节　创新服务合作模式

构建有效的政府、高职院校与农村三方合作平台，是实现高职教育服务乡村振兴战略的核心。在此模式下，政府、高职院校、农村各扮演着关键角色，形成互利共赢的合作关系。政府要为高职院校服务乡村振兴提供政策、资金和项目的支持，农村要成为高职院校进行科学研究和实训，以及人才接纳的基地。高职院校注重对学生进行服务乡村振兴理念的教育，帮助学生定位正确的人生方向。高职教育服务乡村振兴战略的运作模式较多，高职院校可以视其需要，选择合适的模式和具体途径。

一、高职、乡村合作模式

高职院校与乡村合作模式在促进乡村振兴中展现出显著的优势。这一模式涉及高职院校选择具有不同生态环境和发展特征的农村地区，深入参与到农村生产示范基地的建设中，与农村共同创建实验示范区。此举不仅为高职院校提供了实地教学和科研的平台，同时也助力农村地区引进新产品和新技术，加速了高职教育成果的转化。在这一过程中，高职院校通过建立村校合作大平台，下派首席专家，实现科研与教学的紧密结合，有力地推动了农村的技术革新和解决了实际问题。

高职院校可以通过成立农业推广委员会和农业技术推广中心，以高职技术为核心，联合学院科研机构、推广机构、培训机构、生产力促进中心、农业科技示范园区，以及专业协会、农民合作组织、农业龙头企业等，形成专门的推广团队和首席专家小组。这些团队和小组依托于学校科研，以发展现代高效生态农业产业为导向，密切结合学校的科技创新资源和地方创业资源，致力于示范基地建设与特色产业发展。推广团队有组织地从点到面辐射，采用"专家＋基地＋农户""专家＋基地＋农业龙头企业""专家＋核心基地＋示范基地＋农业龙头企业"等多种形式，实现国内外农业技术成果的转移扩散、农业科技型企业的孵化、先进知识文化的传播，以及现代新型农民的培训等多重功能。

这种高职院校与乡村的合作模式，有效地结合了高职教育的人才和科技优势与"三农"问题的实际需求。通过将学院人才和科技优势与农科院、农技推广体系的科技人员结合，形成了一支强大的推广农业科研成果的人才体系。这种人才体系不仅包括高职院校和农科院的专家学者，还包括相关领域的流动人员队伍，以及县（区）、乡（镇）、农业龙头企业的管理与科技人员。这样的合作模式不仅促进了农村建设，也推动了高职院校自身的发展，实现了教育与社会需求的有机结合。

二、定向培养模式

高职院校与乡村之间的定向培养模式，作为一种创新的教育和人才培养机制，针对当前我国农村劳动力的转移和高科技农民人才储备不足的现状，提供了一种有效的解决方案。这一模式的核心在于通过专门的教育和培训机制，将农村的初高中毕业生转化为具备现代农业技术和管理能力的专业人才，以满足乡村振兴战略的人力资源需求。

在这一模式中，村委会起到关键的桥梁作用，它负责调查和掌握本地区农业技术人才的需求，并与高职院校建立联系，筛选和确定委培教育基地。村委会通过与学生签订委培教育合同，为学生提供学费资助，确保他们能够接受专业的技能教育。这种做法不仅解决了财务障碍，还保证了教育资源的有效利用。

高职院校在这一模式中承担着为农村培养专业技术人才的重任。高职院校应根据乡村振兴的具体需求，开展针对性的教育和技能培训，确保毕业生能够满足农村工作的实际需求。为此，高职院校不仅需要提供专业的技术教育，还需要加强对学生的农村政策法制教育、思想道德教育等方面的培养。这种定向培养模式还包括国家和政府实施的多种农业科技培训和示范项目，如"绿色证书工程""新型农民科技培训工程"等。高职院校应积极参与这些项目，通过建立和完善农民教育培训网络，建设高标准教育培训基地，发挥现代远程教育和农民夜校的作用，为农村培养更多的专业人才。高职院校还应定期对农村选派的优秀管理人员进行培训，内容包括农业生产知识、农村管理知识等与乡村振兴密切相关的知识，以增强他们的综合能力，为乡村振兴提供更加全面的支持。

三、基地示范模式

高职院校在乡村振兴中采取的基地示范模式，是其科研成果在农村转化和推广的有效途径。这一模式以建立示范基地为核心，旨在实现学校科研与农村实际需求的紧密结合。农村地区与高职院校之间的合作，基于双方的合作意向，通过签订建立示范基地的合同来明确责任、权利和利益。示范基地的建立考虑到地理位置的优势，如交通、通信、土壤条件等，确保了有效的资源利用和产品流通。

在特色产业的选择上，基地示范模式强调因地制宜的原则，根据不同地区的地理特点和气候条件，选择适合当地环境的种植业和养殖业。这种选择不仅考虑了生态适应性，还考虑了与原有主要产业的关联性，以促进农业的多样化和可持续发展。高职院校在这一过程中提供专业师资、科研设备和经验支持，而农村则提供实验基地和人力资源。这种双方合作，不仅促进了具体科研课题的完成，还推动了传统农业向现代化农业的转型，包括循环经济的发展和二、三产业的融合。

在典型示范的实施过程中，高职院校积极参与示范基地产品的全过程，从收获到销售，甚至包括深加工环节，通过这些活动展示先进技术和方法的实际应用效果。积极的推广应用通过组织农民观摩学习、规范产业生产、宣传品牌特色等方式，实现经济和社会可持续发展，增强特色产业的市场竞争力，从而带动农民增收。

四、智力支援模式

高职院校的智力支援模式在乡村振兴战略中扮演着至关重要的角色。这一模式主要涉及高职院校科研骨干人员向农村提供短期的有偿或无偿智力援助，包括技术、信息、管理、销售等方面的知识和技能传递。智力支援的方式多样，包括借调、聘用、技术承包、技术培训、兼职、技术咨询等。这些方式的共同目标是将高职院校的专业知识和技能直接应用于农村的具体实践，以促进乡村的经济社会发展。

在借调模式中，高职院校的科研人员被临时借调到农村，全职参与当地的管理和技术指导工作。聘用模式则涉及对特定农村岗位的招聘，将专家学者长期或短期聘用到村委会工作。技术承包模式允许科研人员以合同形式承包农村的特定项目，通过技术应用实现利润分成。技术培训模式则侧重于通过短期课程或实践指导，提升农村人员的技术能力。兼职模式适用于在科研人员完成本职工作后，利用额外的时间为农村提供专业服务。技术咨询和信息服务则聚焦于解决农村的技术难题和提供市场信息，帮助农村更好地适应市场和社会需求。

智力支援模式的实施有助于充分利用高职院校的科研和技术优势，为农村提供定制化的知识和技能支持。这种模式不仅有助于解决农村的实际问题，促进农业生产和经济发展，还能够提升农村居民的整体素质和生活水平。通过这种模式，高职院校与农村之间形成了紧密的合作关系，实现了教育资源的最优配置和社会服务功能的最大化。

第四节　重视技术人才引进

一、加强高职院校毕业生就业指导工作

在高等职业教育服务乡村振兴的过程中，加强高职院校毕业生的就业指

导工作对于重视技能人才引进至关重要。这种加强不仅关乎于优化毕业生的就业渠道，更涉及提升其适应乡村振兴需求的职业技能和综合素养，从而实现教育资源与乡村发展需求的有效对接。在这一过程中，高职院校应积极调整教育和培训内容，以确保毕业生能够满足乡村振兴中对技能人才的特定需求。

二、出台优惠政策并且提供资金支持

在高等职业教育服务乡村振兴的背景下，出台优惠政策并提供资金支持是重视技术人才引进的关键策略。这种策略旨在通过政府和相关部门的积极作用，营造有利于技术人才在乡村发展的环境，从而促进乡村振兴的进程。政策的优惠和资金的支持不仅为高职院校提供了发展的动力和资源，也为技能人才在乡村的应用和发展创造了有利条件。

优惠政策的出台主要涉及到教育、财税、就业等多个领域，目的在于扫除高职院校和技术人才面临的经济和制度性障碍。例如，政府可以为高职院校在乡村振兴领域的项目提供税收减免、科研资金支持或者项目补贴。这些政策不仅减轻了高职院校的财务压力，也鼓励了院校在乡村振兴领域的研究和实践活动。同样，对于那些愿意到乡村工作的技术人才，政府可以提供就业补贴、住房补助或者职业发展培训等支持，以激励更多人才投身乡村振兴。

政府和相关机构需投入必要的资金，用于支持高职院校的教育和培训项目、科研活动，以及技术人才的引进和培育。资金的支持不仅体现在直接的财政投入上，也可以是通过设立专项基金、提供低息贷款等方式来实现。这种资金的投入，不仅能够提升高职教育的质量和效果，还能够帮助乡村地区解决实际的技术和人才问题。

三、形成良好的高职院校服务乡村振兴的良好氛围

在高等职业教育服务乡村振兴的过程中，形成良好的服务氛围对于重视

技术人才引进具有重要意义。这种氛围不仅能够激发高职院校的积极性，还能够促进社会各界对乡村振兴中技术人才需求的认识，从而为人才的培养和引进创造有利条件。良好的服务氛围是一个包容性和合作性的环境，其中高职院校、政府、企业、社区等多方参与，共同推动乡村振兴。

在这种氛围中，高职院校作为技术人才的培养基地，承担着重要的职责。院校需要在教育和培训方案中融入乡村振兴的元素，通过实际案例、实地实习、项目合作等方式，使学生能够直接参与乡村振兴的实践，提升其对乡村发展的认识和技能应用的能力。院校还需加强与乡村企业和社区的合作，促进知识和技术的直接转移，为乡村振兴输送实用技术人才。

政府应通过政策引导和资源配置，鼓励高职院校参与乡村振兴，提供相关的财政支持和政策便利。例如，为在乡村振兴领域作出贡献的高职院校和个人提供奖励和补贴，或者为乡村振兴相关项目提供专项资金。政府还需加强与高职院校的沟通，确保政策能够有效响应院校和乡村的实际需求。

企业可以通过提供实习岗位、参与项目合作、捐赠设备等方式，支持高职院校的教学和科研活动，同时也能从中获得技术人才的支持。社区则可以作为实践基地，让学生在真实的乡村环境中学习和实践，提升其对乡村实际问题的理解和解决能力。

此外，还需加强公众对乡村振兴重要性的宣传，提升社会对技术人才引进的认识。通过媒体、公开讲座、社区活动等形式，加强对乡村振兴战略的宣传，增强公众对于技术人才在乡村振兴中作用的认识，从而形成社会对乡村振兴的广泛支持和积极参与。

四、进行人才培养模式的改革创新

在高等职业教育服务乡村振兴的过程中，进行人才培养模式的改革创新是吸引和培养技能人才的关键。这种改革创新需要高职院校深入理解乡村振兴的核心需求，结合自身的教育资源和优势，设计出既适应市场需求又符合乡村特色的教育培训体系。这种培养体系旨在提高学生的实际操作能力、创新能力和适应能力，确保毕业生能够在乡村振兴中发挥关键作用。

第五节　培育新型职业农民

一、加大新型农民培育的宣传

（一）提高宣传合作力度

随着乡村振兴战略的深入实施，培育新型职业农民成为实施乡村振兴战略的关键任务之一。在这一过程中，应增大宣传合作力度，尤其是通过高等职业教育渠道，对加大新型农民培育的宣传具有至关重要的作用。高等职业教育在服务乡村振兴的过程中，不仅是技术和知识的传授，更是一种文化和理念的传播，对于培育具有现代农业知识、技术和管理能力的新型职业农民至关重要。

宣传合作的提升应从多个维度进行考虑和实施。第一，高职院校需将培育新型职业农民的重要性融入到教育体系和课程设置中，更新课程内容，包括现代农业技术、农业市场营销、农产品加工与创新等方面的知识，旨在使学生深刻理解新型职业农民的角色和重要性。第二，宣传合作还需要利用多种媒介和渠道，包括传统媒体和新媒体，扩大新型职业农民培育的社会影响力。通过举办讲座、研讨会、农业展览和实地考察等活动，可以使更多人了解到新型职业农民的重要性，以及高等职业教育在其中所扮演的角色。高等职业教育机构应与政府、企业、社区等多方合作，共同推广新型农民培育的理念。例如，高职院校可以与当地政府合作，开展农民培训项目，提供专业技能培训；与企业合作，为学生提供实习实训机会，使其能够直接接触现代农业生产；与社区合作，开展农业知识普及活动，提高公众对新型职业农民角色的认识。

在培育新型职业农民的过程中，还需强调实践教学的重要性。通过设置实验、实训基地，让学生在实际的农业生产中学习和应用所学知识，不仅能够提高学生的实践能力，也促进了理论与实践的结合。这种"学以致用"的教学模式，对于培养具备实际操作能力和创新思维的新型职业农民至关重要。高等职业教育在培育新型职业农民的过程中，还应注重培养学生的创业精神和创新能力。随着农业现代化的推进，新型职业农民不仅需要掌握农业生产的基础技能，还需要具备市场洞察力、创新意识和创业能力。高等职业教育应通过课程设计和实践活动，激发学生的创新思维，教授他们如何将传统农业与现代科技相结合，如何开拓农产品市场，以及如何运用新型营销策略等。这不仅为学生个人发展提供了广阔的空间，也为乡村振兴和农业可持续发展贡献了新的动力。

高职院校在培育新型职业农民的过程中，还应重视农村社会和文化的传承。农业不仅是经济活动，也是文化的载体。因此，教育过程中应注重农村文化的传承和创新，教授学生如何在尊重和保护传统文化的探索农业文化的创新发展。这有助于培养学生对农业的热爱和对农村文化的认同感，从而更好地服务于乡村振兴。

通过国际合作项目，学生可以了解国际先进的农业技术和管理理念，拓宽视野，增强国际竞争力。这种国际视角对于培养能够适应全球化农业发展的新型职业农民尤为重要。

高等职业教育在培育新型职业农民的过程中，还需注意持续评估和改进教育模式和内容。通过定期的评估，可以及时了解教育效果，发现问题和不足，从而不断调整和完善教育策略，确保教育活动能够有效地适应乡村振兴的需求变化。

（二）提高宣传针对性

在当前乡村振兴的大背景下，提高对新型农民培育宣传的针对性，成为高等职业教育服务于乡村振兴的重要手段之一。这种宣传不仅需要普及现代农业知识和技能，更要深入地理解和回应农村地区的实际需求，以及新型农民在乡村振兴中的核心作用。

为了提高宣传的针对性，高等职业教育机构需深入了解农村地区的特定需求和挑战，包括农业技术、市场趋势、农村经济发展模式等方面。基于这些研究，教育机构能够设计出更贴合农村实际的课程和培训项目，更有效地吸引和激励农村青年成为新型职业农民。

在宣传策略上，应结合现代传播手段和传统方法。利用网络、社交媒体、在线视频等现代传播工具，迅速扩大宣传范围，提高信息的覆盖率和吸引力。结合传统的面对面宣传、社区会议、现场讲座等方式，可以更有效地与农村居民建立信任关系，深入了解他们的具体需求。

宣传内容的设计应聚焦于新型农民的核心素养和技能，包括农业科技知识、农业管理技巧、农产品市场营销、农业可持续发展等方面。通过举例说明现代农业技术如何提高农业生产效率、如何利用新市场机遇，可以增强农村青年对成为新型职业农民的兴趣。

高等职业教育机构应与政府、企业、农业协会等机构建立合作，形成宣传合力。这些机构可以共同开展培训课程，举办农业技术展览会，或者实施农业技术示范项目。通过这样的合作，可以将高职教育的理论与实践相结合，更加深入地向农村居民展示新型职业农民的价值和潜力。

在培育新型职业农民的过程中，高等职业教育还需强调实践操作和创新思维的培养。通过实际操作的训练，学生可以直观地理解和掌握现代农业技术，通过创新思维的培养，则可以激发他们对农业发展的新想法和新策略。这不仅为学生提供了宝贵的实践经验，也为农村地区的经济发展注入了新的活力。高等职业教育在培育新型职业农民的过程中，还应关注学生的长远发展，为学生提供继续教育的机会，鼓励学生在完成初步教育后继续深造，不断提升自己的技术水平和管理能力。通过这样的长期投资，可以确保新型职业农民能够持续适应农业发展的新趋势，为乡村振兴作出更大的贡献。

二、拓宽职业农民培育模式

（一）适应市场需求设置培训内容

适应市场需求设置培训内容是拓宽职业农民培育模式的关键环节，它直接关系到高等职业教育在服务乡村振兴和培育新型职业农民方面的有效性。随着农业市场化、信息化和全球化的发展，农业生产不仅是传统意义上的种植和养殖，更涉及农产品加工、销售、市场分析、农业旅游等多个方面。因此，培训内容的设置必须紧跟市场需求的变化，以培养能够适应现代农业发展需要的新型职业农民。

在市场需求驱动下，高等职业教育机构应重视农业科技的教育和推广。针对智能农业技术、生物技术、生态农业技术等前沿领域进行宣传，使农民能够掌握减少资源消耗、提高农业生产效率的现代技术。此外，还需强调农产品加工和质量控制的技能培训，以提升农产品的附加值和市场竞争力。

随着消费者对于农产品品质和安全的日益关注，农民的市场营销能力和品牌建设意识也显得尤为重要。因此，培训内容还应涵盖市场调研、营销策略、电子商务等方面的知识，帮助农民更好地适应市场变化，开拓销售渠道。农业不仅是经济活动，也是文化和社会活动。因此，在培训内容中，还应增加农村社会管理、农村文化传承与创新、乡村旅游等内容。这些课程不仅能够提高农民的综合素质，还能够促进农村的社会和文化发展，提升乡村振兴的整体效果。

面对不断变化的市场环境，新型职业农民的持续学习和自我更新能力同样重要。因此，高职院校在培训过程中还应重视培养学生的学习能力和创新思维，鼓励他们主动探索、自我学习，并适应新技术、新市场的变化。

在培训模式上，除了传统的课堂教学，还应强调实践操作和实地体验的重要性。通过与农业企业和农场的合作，设置实习基地，让学生在实际的农业生产环境中学习和实践，能够更有效地将理论知识转化为实际操作技能。

高等职业教育在培育新型职业农民的过程中，还需不断地进行市场调研和反馈收集，及时调整和优化培训内容，确保教育与市场需求紧密相连。这种动态调整机制能够保证培训内容始终处于市场前沿，满足农业发展的实际需要。

（二）改变办学模式，提高职业教育质量

改变办学模式首先体现在课程内容和教学方法的创新上。传统的职业教育往往注重技能的传授，而在新型职业农民的培养中，应更加注重理论与实践、技能与创新的结合。这要求课程内容不仅要覆盖农业生产的基本技能，还要包含农业科技、农产品市场分析、农业企业管理等现代农业所需的知识。教学方法应在传统的课堂授课的基础上扩展更多元化的模式，如案例教学、项目驱动、实地实习等，以增强学生的实际操作能力和问题解决能力。

高等职业教育机构在办学模式的改变过程中，应更加注重与农业企业、研究机构的合作，通过校企合作、产教融合等方式，为学生提供更多的实践机会和实际问题解决的经验。这种合作不仅可以使教育内容更加贴近市场需求，还能提高学生的就业竞争力。

提高教育质量也是改变办学模式的重要方面。这包括提高教师队伍的专业水平和教学能力，特别是在现代农业技术、农业市场分析等领域。教育质量的提高还需通过完善的评估体系来保障，如定期进行教学质量评估，根据反馈信息及时调整教学内容和方法。

在培育新型职业农民的过程中，高等职业教育还需重视学生的综合素质培养，包括创新意识、创业能力、社会责任感等。这不仅能够帮助学生在完成学业后更好地适应社会和市场的需求，也能够为乡村振兴提供更加全面和多元的人才支持。

高等职业教育在培育新型职业农民的过程中，还应加强国际交流与合作，引入国际先进的农业技术和教育理念。通过国际合作项目，学生不仅可以了解国际农业发展的最新动态，还能够拓宽视野，提升自身国际竞争力。

（三）利用本地资源鼓励社会参与

不同地区的农业资源、文化背景和市场环境各有不同，高等职业教育机构应通过深入调研和分析，开发与本地农业和文化特色相结合的教学内容和实践项目。这样的教育模式更加符合实际需求，能够提高学生的学习兴趣和未来就业的适应性。

社会各界，包括企业、农业协会、非政府组织等，都可以在农民培训中发挥作用。通过这些机构提供的资金支持、技术指导、实习实训机会等，不仅可以丰富教育资源，还可以提供更多元的学习和实践渠道。例如，企业可以提供现代农业技术的培训，农业协会可以组织农产品市场营销的研讨会，非政府组织可以开展农业可持续发展的相关项目。

高等职业教育机构在培育新型职业农民过程中，应重视与地方政府的合作。地方政府不仅能够提供政策支持和资源配置，还能够为教育机构与当地农业产业的对接提供便利。通过政府的协调和推动，教育机构能够更有效地利用本地资源，实现教育内容和地方发展需求的紧密结合。

教育机构应注重培养学生的实践能力和创新精神。利用本地资源进行实践教学不仅能够提高学生对农业技术的掌握程度，还能够激发他们对农业创新的思考和实践。通过参与真实的农业项目，学生能够更好地理解农业生产的全过程，培养解决实际问题的能力。高等职业教育机构在培育新型职业农民的过程中，还需加强对教育成效的评估和反馈。这包括对教学内容、教学方法、实践活动的定期评估，以及与学生、企业和社区的沟通。通过持续的评估和改进，可以确保教育活动能够有效地适应社会和市场的变化，更好地服务于乡村振兴战略。

三、注重新型职业农民培育体系建设

（一）完善资金体系

资金体系的完善涉及多个方面。第一，政府在资金支持上需发挥主导作用，通过增加财政投入、设立专项基金和补贴机制等方式，直接支持高职院校在培育新型职业农民方面的工作。第二，资金体系的完善还需鼓励社会资本的参与，通过吸引企业投资、鼓励公私合作模式（PPP）等方式实现。

完善资金体系还需关注资金使用的效率和效果。这要求高职院校在使用资金时需有明确的规划和管理机制，确保资金能够用于最需要的领域，如课程开发、师资培训、实验实训设施建设等。此外，还需定期评估资金使用的效果，根据评估结果调整资金分配和使用策略，确保资金投入能够最大化地促进新型职业农民的培育。

（二）建立完善科教体系

科教体系的建立首先需要高职院校深化课程改革，确保教学内容符合现代农业发展的要求。这意味着课程设计不仅要涵盖传统的农业知识，还应包括现代农业技术、农村经济管理、农村社会服务等领域。应加强实践教学环节，如设立实验农场、开展田间实习、与企业和研究机构合作等，以保证学生能够在实际操作中学习和应用所学知识。

（三）建立完善监督体系

在高等职业教育服务乡村振兴的背景下，培育新型职业农民的过程中，建立一个完善的监督体系至关重要。监督体系的作用在于确保新型职业农民培育计划的有效实施、质量保障，以及持续改进，从而有效地促进乡村振兴。

监督体系的首要任务是确保培育计划的实施与目标的一致性。监督体系需要对高职院校在新型职业农民培育方面的工作进行评估，包括课程设置的适宜性、教学质量、实践训练的有效性、毕业生的就业情况等。这种评估可以通过定期的审核、评价报告、专家咨询、反馈机制等方式进行。通过这些评估活动，可以及时发现培育过程中的问题和不足，为教育改革和课程调整提供依据。

监督体系应关注培育成效的长期跟踪。这涉及对毕业生在农村工作后的表现进行持续观察，包括其技术应用能力、创新创业成效、社会服务能力等方面。这种跟踪可以通过建立毕业生数据库、开展定期回访、收集用人单位的反馈等方式实现。通过这些长期跟踪，可以了解培育计划对毕业生长期职业发展和对乡村振兴实际贡献的影响，为进一步优化培育计划提供指导。

监督体系还应关注资源配置的合理性和效率。这包括对高职院校在新型职业农民培育方面的资金使用、教学资源配置、师资力量建设等进行监督。确保资源得到有效利用，避免资源浪费，同时确保资金、设备和人力资源能够满足培育计划的需求。

监督体系的建立还需加强社会各界的参与。这意味着除了教育行政部门外，还应吸纳行业专家、企业代表、乡村代表等参与到监督工作中。这种多元参与可以为监督提供更广阔的视角和更丰富的信息，帮助更准确地评价培育计划的效果，同时也增强了社会对培育计划的认可度和支持度。

参考文献

［1］袁建伟，曾红，蔡彦，等. 乡村振兴战略下的产业发展与机制创新研究［M］. 杭州：浙江工商大学出版社. 2020.

［2］徐敏. 新时代职业教育助推乡村振兴战略的服务体系及策略研究［M］. 北京：北京理工大学出版社. 2020.

［3］马丽娟，高万里. 特色农业应用型人才培养与助力乡村振兴战略研究［M］. 西安：陕西科学技术出版社. 2021.

［4］于凡. 吉林省乡村振兴人才支撑与新型职业农民培育问题研究［M］. 长春：吉林人民出版社. 2019.

［5］肖霞. 高职教育服务中国特色乡村振兴战略研究［M］. 天津：天津科学技术出版社. 2022.

［6］李菲. 职业教育与乡村振兴鄂西生态文化旅游圈高职教育联盟服务乡村振兴战略的研究与实践［M］. 武汉：湖北科学技术出版社. 2021.

［7］伊继东，封海清，侯德东. 教育与区域发展研究［M］. 昆明：云南人民出版社. 2013.

［8］周明星. 藩篱与跨越：高等职业教育人才培养模式与政策［M］. 武汉：华中师范大学出版社. 2018.

［9］梅振华. 中国旅游与高等职业教育研究：理论、方法与案例［M］. 北京：九州出版社. 2018.

［10］周建松. 高等职业教育高质量发展研究［M］. 杭州：浙江大学出版社. 2020.

[11] 邓志军，邓佳楠. 中国高等职业教育政策嬗变研究［M］. 武汉：武汉大学出版社. 2016.

[12] 何谐. 我国高等职业教育学位制度构建研究［M］. 重庆：重庆大学出版社. 2021.

[13] 刘晓明，杜长征，曲鹏. 乡村振兴背景下农业类高职学生职业素养培养体系建构实践探究［J］. 农机使用与维修，2023（12）：131-133.

[14] 张向阳，伦茜，王石磊. 秦皇岛高等职业教育助力乡村振兴人才培养的策略分析［J］. 经济师，2023（12）：134-135，137.

[15] 任会兵，方芳，洪淼. 县级中等职业学校赋能乡村振兴调查研究——基于 H 省 J 市 3 所县级中等职业学校的分析［J］. 教育科学探索，2023，41（6）：98-104.

[16] 张毅，王立峰. 高职院校包装设计课程"设计助力乡村振兴"实践研究［J］. 绿色包装，2023（11）：39-42.

[17] 李强谊，常晓娜，刘俊杰，等. 流域经济带高质量发展与全面推进乡村振兴——第六届珠江—西江经济带发展论坛会议综述［J］. 区域经济评论，2023（6）：150-155.

[18] 武彩红，陆辉，刘莉. 服务乡村振兴的高职动物医学人才培养模式构建与实践［J］. 中国多媒体与网络教学学报（中旬刊），2023（11）：184-187.

[19] 朱川慧. 乡村振兴背景下高职院校学生就业能力提升探讨［J］. 上海轻工业，2023（6）：96-98.

[20] 罗伟. 高职院校青年意识形态教育赋能乡村振兴研究［J］. 中国果树，2023（11）：163.

[21] 刘孟迪. 乡村振兴战略与高职"双创"教育融合发展路径研究［J］. 宁波职业技术学院学报，2023，27（6）：57-61.

[22] 洪恩华. 数字经济驱动下高职院校电子商务专业服务乡村振兴的对策研究［J］. 农村经济与科技，2023，34（20）：261-263，267.

[23] 陈孝强，彭慧，辜静静. 乡村振兴背景下十堰地域高职教育助力家政兴

农路径研究［J］. 湖北工业职业技术学院学报，2023，36（5）：28-30.

［24］杨露沙. 高职教育助力乡村振兴的实施路径与对策建议——以陕西省为例［J］. 村委主任，2023（10）：154-156.

［25］仲晓密. 农产品新媒体营销产教融合模式创新与实践［J］. 辽宁高职学报，2023，25（10）：49-52.

［26］张金果，张海轮. 高职涉农专业课堂教学质量提升的探讨研究［J］. 科学咨询（教育科研），2023（10）：44-46.

［27］罗晓春. 发挥高职思想政治教育在乡村振兴中的作用［J］. 农村·农业·农民（B版），2023（10）：46-48.

［28］高洋. "健康中国"战略背景下卫生健康类高职院校助力乡村振兴路径探析［J］. 卫生职业教育，2023，41（20）：16-18.

［29］李善战. 论高职院校双创教育课程思政的教学改革——以助力"乡村振兴"为切入点［J］. 湖北开放职业学院学报，2023，36（19）：12-14.

［30］沈君，李雪平，毕鸣. 高职院校服务乡村人才振兴教育培训的实践研究［J］. 常州信息职业技术学院学报，2023，22（5）：16-19.

［31］喻琨，陈国生，蒋根丁，等. 湖南乡村振兴与高等职业教育深度融合发展的困境与路径选择研究［J］. 湖南工业职业技术学院学报，2023，23（5）：33-37.

［32］王颖，陈志钦，廖志豪. 乡村振兴背景下高职教育支撑农村电商人才培养研究——以揭阳职业技术学院为例［J］. 辽宁省交通高等专科学校学报，2023，25（5）：75-79.

［33］杨金光. 高职院校服务乡村振兴战略的现实困境与路径突破［J］. 农村实用技术，2023（10）：56-58.

［34］刘媛. 涉农高职院校生态文明教育融入乡村振兴的优化路径研究——以湖南环境生物职业技术学院为例［J］. 安徽农业科学，2023，51（19）：275-276，279.

［35］湛年远，谭永平，刘燕. 欠发达地区高职产教融合共同体构建的意蕴、

困境与对策［J］.中国职业技术教育，2023（28）：42-47.

［36］张瑾钰，靳力，杨红梅.乡村振兴战略融入高职医学生培养的创新分析［J］.继续医学教育，2023，37（9）：129-132.

［37］喻琨，陈国生，周艳平.乡村振兴与高职教育融合发展：共生理念、现实困境与突破路径［J］.岳阳职业技术学院学报，2023，38（5）：54-58.

［38］谷筝.共同富裕视域下高职经济贸易类专业与乡村振兴理念的融合路径研究［J］.农村经济与科技，2023，34（18）：267-270.

［39］桂文龙，李巨银，刘晶.乡村振兴视角下农业高职产学研协同育人状况探究［J］.中国高校科技，2023（9）：62-67.

［40］贾倩倩，曹凯彬.高职院校思政教育助力乡村振兴的逻辑、困境与路向［J］.大学，2023（27）：19-22.

［41］农建诚，韦银幕，蒙家辉.乡村振兴视域下高职院校创新创业教育绩效多级模糊综合评价研究——以广西现代职业技术学院为例［J］.智慧农业导刊，2023，3（18）：86-89.

［42］巨莹.新时代涉农高职院校赋能乡村人才振兴的路径探索［J］.智慧农业导刊，2023，3（18）：165-168.

［43］朱九芳，王婷婷.高职教育产教融合助力乡村人才振兴的策略研究［J］.智慧农业导刊，2023，3（18）：185-188.

［44］董媛，王为民，胡贝贝.数字化背景下高职院校助力乡村振兴研究［J］.教育与职业，2023（18）：70-75.

［45］王婷，戴铭含.新时代职业教育助力乡村振兴的调查研究——以陕西省高职院校为例［J］.陕西开放大学学报，2023，25（3）：42-46，55.

［46］吴亚娟.乡村振兴背景下涉农高职院校创新创业教育模式研究［J］.哈尔滨职业技术学院学报，2023（5）：20-22.

［47］许春瑶.高职院校服务乡村振兴的价值与路径［J］.农村经济与科技，2023，34（17）：83-86.

［48］王小俊.高职教育助力乡村振兴的实践探索与路径选择——以盐城市为

例［J］.现代农业研究，2023，29（9）：106-109.

［49］王媛媛，郝佳伟.职业教育助力乡村振兴战略实施的文献综述及路径研究［J］.内蒙古科技与经济，2023（17）：138-141.

［50］李伟娟.高职教育赋能大学生返乡创业路径研究［J］.中国果树，2023（9）：161-162.

［51］刘克勇.教育强国建设背景下五年一贯制高职教育的时代价值与未来走向［J］.中国职业技术教育，2023（25）：34-39.

［52］钟小芳.乡村振兴背景下广西D县农民工职业技能培训存在的问题与对策研究［D］.昆明：云南师范大学，2023.

［53］农璐.乡村振兴战略背景下高职院校人才培养问题及对策研究［D］.南宁：广西民族大学，2023.

［54］范栖银.高等职业教育与经济高质量发展耦合协调度的指标体系构建与实证检验［D］.上海：华东师范大学，2023.

［55］郑敏圻.中国农民职业教育研究［D］.长春：吉林大学，2023.

［56］李璐.乡村振兴背景下高等职业专科学生乡村就业意愿研究［D］.呼和浩特：内蒙古农业大学，2022.

［57］沈娟.乡村振兴背景下民族地区职业教育发展路径研究［D］.昆明：云南师范大学，2022.

［58］牛奎元.乡村振兴战略下新型职业农民培育研究［D］.哈尔滨：黑龙江大学，2022.

［59］任瑾.乡村振兴背景下乡村人才建设中存在的问题及对策研究［D］.太原：山西大学，2021.

［60］夏颖.后脱贫时代粤北地区高职教育精准扶贫绩效评价研究［D］.广州：广东技术师范大学，2021.

［61］马洁.乡村振兴战略背景下湖南县域高等教育发展研究［D］.衡阳：南华大学，2021.

［62］廖曼宁.乡村振兴战略背景下高职毕业生农村就业创业的问题研究

[D]. 广州：华南理工大学，2020.

[63] 高宏赋. 我国县属高校发展模式研究 [D]. 厦门：厦门大学，2020.

[64] 袁建成. 乡村振兴战略背景下河北省农村职业教育发展研究 [D]. 保定：河北大学，2020.

[65] 柯婧秋. 乡村振兴战略背景下县级职教中心的办学功能定位研究 [D]. 上海：华东师范大学，2019.

[66] 王静. 新农村建设背景下农村高职学生就业问题研究 [D]. 济南：山东财经大学，2018.

[67] 孟宁宁. 促进我国高等职业教育发展的财政投入研究 [D]. 济南：山东财经大学，2018.